低山ウォーク しずおか Best 20

富士山・南アルプスから近郊の里山まで、
静岡県内には一年を通して山歩きが楽しめる山岳が数多くあります。
近年の登山ブームは健康志向の中高熟年にとどまらず、
おしゃれな女性をも取り込んで国民的レクリエーションへと、
その魅力の幅を広げています。
なかでも軽装備で日帰りできる低山ウォークは単独、
あるいはカップルで、さらにはグループやファミリーなど様々な形態で自然に親しみ、
郷土を理解する万人のアウトドア活動として注目を集めています。
数ある県内山岳の中でも初心者・初級者がとりつきやすく、
危険度の少ない1,500mクラスの低山を選んでご紹介するのが本シリーズです。
山の魅力満載のそれらコースのうち20のルートを選んで、
練達の岳人2人がご案内します。

本書の見方

本書掲載の情報は2015年5月現在のものです。
ルートや店舗情報は変更される場合があります。
入山準備としてできる限り最新の情報を入手して下さい。

地図名

本書で扱う地図は全て国土地理院2万5千分の1地形図をベースにしています。各コースの表題にある「地図名」が、該当するコースを記載した地形図名です。事前に購入して入山することをお薦めします。

2次元バーコード

スマートフォンで本書掲載の2次元バーコードを読み込むと、ラジコンヘリで撮影した空撮動画が楽しめます。従来型携帯電話（ガラパゴス携帯）には対応していません。

Access

最寄りの東名・新東名のIC（インターチェンジ）から現地までのアクセス情報と所要時間です。

標準タイム

登山開始から下山まで、女性のペースで歩いた所要時間です。体力や歩行ペースには個人差があります。あくまでも参考タイムとして、それぞれの行動の目安として下さい。

コースタイム

ルート上でポイントとなる地点の区間タイムの目安です。

本書掲載の低山

本誌で紹介している山々は1500m級の低山です。一部を除き、整備の行き届いた人気の20コースです。

CONTENTS

安全登山の心得①

― 楽しく歩くために ―

登山、トレッキング、ハイキング……。呼称は様々ですが、自然に分け入る野外活動は精神も肉体もリフレッシュする爽快な一日を与えてくれます。山国・日本ではそのステージは身近に存在し、だからこそ国民的な健康レクリエーションとして定着してきました。ただ、自然の中で活動するにはそれなりの心構えが必要です。安全で快適な山歩きを続けるために初心者、初級者の皆さんが注意すべき点をいくつか挙げてみます。

【歩く】

山野を気ままに歩くのに堅苦しい法則など必要ないと考えがちですが、疲労をためない方法を知っておくことは大切です。歩行するうちに生じた体内の老廃物が筋肉にたまると、疲れを感じます。疲れる前に休む、当たり前のようですが、これが山歩きのように長時間行動する場合に必要なコツです。

どんなペースがいいか。これが問題ですが、軽く息がはずむ程度の速度で概ね40～50分歩いては10分ほど休む、という繰り返しを一つの目安とします。その程度の運動負荷だと疲れはたまりにくいものです。といってあくまでも目安ですから、こだわる必要はありません。もう少し登れば展望のいい尾根に出るのに、時間だからといって手前で休憩していては何のために山に来たのかわかりません。臨機応変に対応しましょう。

このぐらいのペースで歩いたにもかかわらず妙に心拍数が上がり、ひどく疲労を感じたとしたらよほどの体調不良か、そもそも山歩きをする体力を持ち合わせていないと断定せざるを得ません。日ごろからウォーキングやジョギングに慣れ親しみ、脚力と心肺機能にそれなりの自信を持って山に入りましょう。

【食べる】

山歩きの楽しみに食事がありますが、一方で「食」にはエネルギー補給と疲労回復という重要な役割もあります。エネルギーと栄養の補給はこまめにすることが大切です。40～50分間隔の休憩はそのための時間でもあるのです。休憩しながら、時には立ったままでも口にするエネルギーと水分の補給を「行動食」といいます。

エネルギー不足で「バテる」と、人は判断力や注意力が低下します。下界ならともかく山では道迷い、転倒などの重大事故につながりかねません。だから頻繁なエネルギー補給が欠かせないのです。

行動食は高カロリーでコンパクトなものを選びます。チョコや羊かん、あめ・キャンディー類、柿ピー、干しブドウ、サラミにジャーキー、チーズ、クラッカー等々の中からうまく組み合わせて、無理なく口にできるセットを作ります。

近ごろはスティックやゼリー状のバランスある栄養食品がたくさんあり、大変重宝です。筆者の必携は「アーモンドチョコ」と「塩羊かん」、チューブ入りの「コンデンスミルク」で、ミルクは万が一の「非常食」を兼ねています。

「昼食」は行動食にお握りやパンなどを加え、さらなるエネルギーを摂取します。夫婦やファミリー、気の合う仲間と共にする「山ランチ」は至福のひと時です。慣れたらコンロを携行し、温かい麺やスープなどでより楽しいランチを工夫しましょう。

【地図に慣れる】

見知らぬ土地を歩くのに頼るのは地図です。建物や特徴的な目標物の少ない山野ではなおさら地図への依存は増します。略図、案内図など様々に利用される地図ですが、国内ではすべて国土地理院が発行する地図がその基本となっています。そのうち登山活動によく使われるのが２万５千分の１縮尺の地形図（２万５千図）です。

現実の距離を一定の割合に縮めて広い範囲を１枚に収めたものが地図です。２万５千図だと地図上の４ミリが実際の１００ｍ、10㎜だと２５０ｍになります。そこに尾根や谷、山頂など複雑な地形を表す等高線が記入されています。同じ高さの地点を結んだ線で、２万５千図ならその間隔は10ｍ、10本で１００ｍの高さになり

ます。
徒歩道、いわゆる登山道は破線で表されます。登山者にとって最も重要な情報です。例えば……林道に車を置き、尾根をたどる。しばらく緩やかだった尾根道がやがて等高線の間隔が狭まり、今度は急傾斜の登りだ。一汗も二汗もかいて尾根を回り込むと、ほどなく道は平たんになり、小さな沢に出る。喉を潤したくなる休憩地で、標高で1520mほどか。針葉樹林の間から、先ほど尾根に取り付いた林道がはるか下方にうねって見える……。

こんな具合に経路を地図上でたどりながら、次の山歩きのコースと地形を概念的に把握します。地図には様々な情報が記号で落とされています。最初は煩雑に感じますが、慣れ親しんで強い味方にしましょう。そうやって現地では磁石、高度計を併せて使いながら現在地を確認していくのです。

本誌で紹介する山岳は一部を除いて概ね整備の行き届いた人気のコースです。登山道脇の案内板や道標に従えば安全に行動できます。こういう余裕のある時にこそ、現地で地図を開いて「読図」のトレーニングをしましょう。

地図、地形図は主要都市の書店で購入できます。また、国土地理院のWebサイト「ウォッちず」でも2万5千図を公開しています。絶えず最新情報が更新されるので、山行《さんこう》前のチェックに便利です。

【天気を知る】

大ザッパですが、雪山と岩壁登攀を別にすれば登山のリスクは高度と日数に比例します。一般的に最も危険から遠いのが低山の日帰り山行ですが、それとてリスクゼロではありません。気象の変化には特に注意を払いましょう。

日帰り登山は好天の日を選んで出かけたいのですが、といって終日晴天が保証されるわけではありません。山の天気は千変万化、とりわけ夏山は気象変化が激しいことを念頭に置きましょう。

夏に警戒するのは雷です。山中で落雷に遭遇する恐怖は経験しないと分かりません。局地的な積乱雲の発達に注意しながら雷鳴を聞いたらともかく頭を低く、窪みに身をかがめて隠れることです。大木の根元に寄り過ぎないことは低地のルールと同じです。

気温の変化にも注意が必要です。一般的に100m登るごとに気温は0・5～0・6℃低くなるといわれます。気象予報で目的の山に近い山麓の気温を知れば、標高差から山の気温もおよその値が分かります。

駿河湾沿いの富士市の最高気温が30℃という予報だったら当日、3776mの富士山頂は10℃前後ということになります。富士市なら厳冬期の日中の気温に匹敵します。このように目的の山岳の気温を想定して衣服の調節を図りましょう。

富士山にかかる雲は天気を予測する指標として代表的なもの。ふだんから雲を観測する習慣を身につけておきたい

【撮る】

野外活動の記録は非日常的だからこそ記念になります。コンパクトデジカメやスマホで雄大な景観や高山植物、山野草を積極的に撮影してみましょう。

登山中は慣れないと足許に注意が集中します。少し脇に目をやるだけで林床に咲く可愛い花々に気づきます。視界はできるだけ広く、絶えずバランスを保つことです。

花を中心に全景をまず1枚、そしてアップを1枚、さらにマクロ撮影すると周辺をボカした印象的な作品をものにすることができます。沢で一服したらカメラをタテ位置にして、流れ下る清流と上流の様子を写し込みます。全体の状況がよく分かる記録になります。

山の天気は急変します。逆にこれは願ってもない撮影チャンスでもあります。濃い霧が移動する一時を捉えて幻想的な1枚が撮影できるかも知れません。あるいは雲海に出会う幸運に恵まれることもありましょう。生活の中では撮れない1枚、そんな撮影にぜひ挑戦して下さい。
（児平）

トレッキング・ポール（ストック）の使い方

登山用杖、すなわちストックは今では多くの登山者が携行しています。しかし、有効な使い方をされているかといえばいささか疑問です。ストックは登りでは2本の足に加える第3の推進力として、下りにおいては膝や腰に加わるショックを軽減してくれる支えとして極めて重宝なものです。とりわけ足腰に衰えを感じる熟高年には欠かせない登山用具の一つです。

推進力として使用する登りの場合、ストックを握る手はほぼ腰の辺りを前後に移動して、それより上体にはいかないものです。歩幅の一歩先ぐらいに突いたストックを体が追い越したらさらに積極的に後方へ追いやるように力を加えると、上体は極めてスムーズに上方へ押し上げられます（写真1）。腕の力も借りながら上体を前方に移動させる、これがストックを第3の足と呼ぶ所以です。

地形や条件により常に理想通りとはいきませんが、後方にグッと力を加えた時、腕とストックがほぼ真っ直ぐ伸びているのが基本です。そうするにはストックの握りに工夫が必要です。試行錯誤しながら筆者が得た方法はスキーストックの握りとは全く異なる、グリップの頂部を掌で包み込むように持つ「ゲンコツ握り」です（写真2）。

1

2

ストックの握り部分は以前にはスキーストックと同様形状のものばかりでした。最近は頂部が丸みを帯びた左右の別のないものが市販されています。筆者の「ゲンコツ式」にとってこの上なく使いやすいものです。

下りの場合は登りより長めにセットし、下方に突いたストックを支えに柔らかく足を運んでいきます。「ドスン」という衝撃のある降り方をできるだけ少なくする、これが熟高年に必要な下山のコツです。

使い方一つで「武器」にもなるストックですが、登山者が集中する山岳では「踏み荒らし」被害が深刻になっているのも事実です。ストックの多用によって登山道が両脇に少しずつ広がり、雨水の流下がさらに拍車をかけます。ストックの使用は必要最小限にとどめる必要が生じてきています。せめて50代の半ばまでは2本足で登る、というルールはどうでしょうか。

両手を使うダブル・ストックは初級者、初心者にはお薦めできません。どちらか一方の腕ぐらいはフリーの状態にしておかないと、とっさの危機に素早く対応できません。ストックはあくまでも登山の補助手段です。頼り過ぎは厳禁であることを肝に銘じましょう。

（児平）

安全登山の心得②

―低山ウォークの装備・服装―

快適な山歩きには適切な装備と服装が欠かせません。下着一枚の差で命が救われるといったケースもあり得るのです。レベルに合った機能と価格のものを、信頼できる店で相談しながら選ぶのがよいと思います。

【シューズ】

最近はおしゃれで機能的な登山靴が多くなりました。専門店に足を運び、目的に合った靴選びをしましょう。不安定な登山道を歩くには靴底が丈夫なこと、足首にほど良い安定感があること、さらには防水性も重要な条件です。

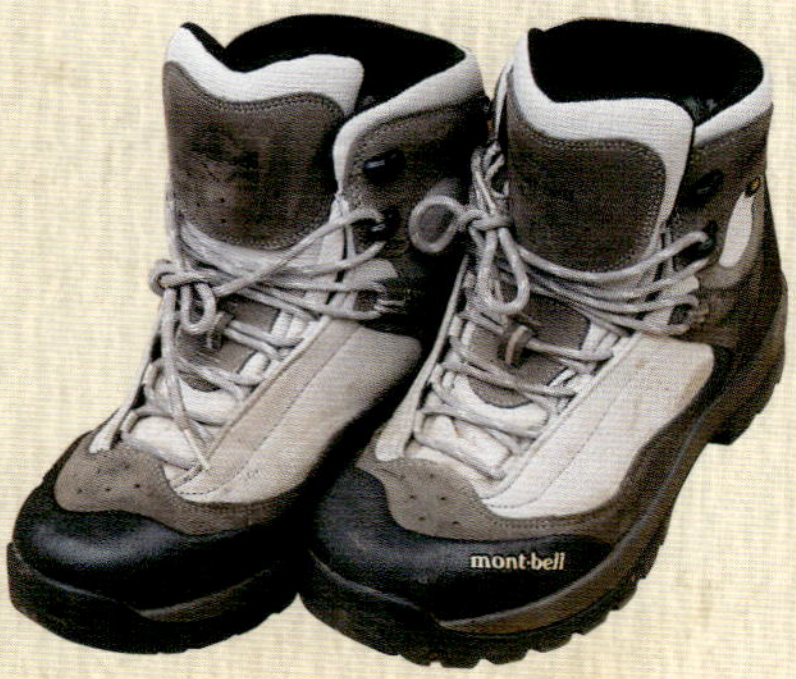

本誌で紹介する「日帰り低山ウォーク」ならば、トレッキングシューズと呼ばれる軽登山靴がお薦めです。慣れないとつい柔らかさを求めがちですが、軟弱な靴は履きやすい半面、膝や腰に負担がかかりかえって疲労が増します。最初は「ゴツイなあ」と感じるぐらいでも、履きなれるとちょうど良いものです。

ふだん履きの感覚で大きめの靴を選ぶことは厳禁です。靴の中で足が動いてしまうと靴ずれを起こしてマメに泣かされます。痛くて我慢できないというサイズ違いは論外ですが、足を入れた時のフィット感を大切にしましょう。「靴は足に慣れさせる」という考えも、大胆ですが一理あるのです。店側スタッフのアドバイスを得てしっかり靴ひもを締め、時間をかけて店内を歩いてみることです。

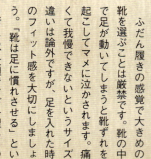

【ザック】

背負ってみて肩や背中、ウェストに違和感のないものを選ぶことが大切です。色やデザインはその次です。日帰り登山には20～30Lの容量があれば十分です。最近はウェストベルトや背面フレームに工夫が凝らされたものが開発されています。背負いやすく軽量で機能性・耐久性に優れています。

専門店のショップには床から天井に届くほどたくさんのザックが展示されています。眺めていても目移りするだけで、とても購入する一品を選ぶことはできません。女性には専用モデルもありますからこちらもスタッフのアドバイスを聞きながら、たっぷり時間をかけて選択しましょう。

【ウェア】

下着、中間着ともにさまざまな素材が開発され、通気性や動きやすさに優れた製品が出回っています。合成繊維の一つ、ポリエステルは登山ウェアでも全盛で、かつて夏山の定番だった「綿百」のTシャツはすっかり姿を消しました。

吸湿性に優れ、はっ水性も高い新素材は気象条件の厳しい山岳活動でこそ、その特色を生かせます。

中間着は厚手や薄手、色や形など様々な仕様のものがあり、予算と相談しながら動作性のよいものを選びましょう。できれば着脱が容易で小まめに体温調節ができるジッパータイプがお薦めです。

パンツやスコートもおしゃれで素敵なものがたくさんあります。丈夫で汚れにくくしかも膝やウェストに圧迫感を与えない、という点で今やストレッチ素材が主流です。ファッション性の高いウェアで山歩きを楽しみましょう。

【レインウェア】

かつて防風具と雨具は別物でした。素材が豊富な現在は厳冬期を除く低山では、レインウェアは十分に防風具を兼ねます。フリース素材の中間着に重ね着すれば、晩秋の山歩きでも防寒機能を効果的に果たすことができます。

ゴアテックスに代表される防水、防風、そして透湿性に秀でた素材は他の国内メーカーも開発しています。専門店のスタッフと相談しながら適切なものを選びましょう。ズボンは何よりも膝の上げ下げが楽なもの、さらにウェスト、ヒップ、股下にストレスを感じないものを選ぶことです。試着は欠かせません。

【磁石】

磁石は地図とセットで使用します。静岡県内は富士山や南アルプスなど目印となる高山があり、晴れていればおよその方角は分かります。しかし霧やガスに覆われた場合は地図と磁石は必携品です。方位を確かめ、現在地を確認してから行動することが大切です。

現在はスマホにGPS機能が付いていますが、山中では充電の減りが早く、雷にも弱いといわれています。地図と磁石には初級のうちから出来る限り親しむ習慣をつけたいものです。

【ヘッドランプ】

多種多様なランプが販売されています。選ぶ際のポイントはマグネットスイッチの強度や適当な明るさが確保できる照度、バッテリーホルダーの固定位置が登山中の移動に耐えられるかどうかなどをチェックしましょう。

低山の場合はあまり用いることはありませんが、日の短い秋から冬の山行では日帰りといえども必需品です。LEDランプは寿命が長く、高輝度で今や主流です。

【帽子・手袋】

紫外線対策となる帽子は山歩きには欠かせないアイテムです。中でもつばのあるものがお薦めです。夏場は汗をかくので、通気性のあるものを選びましょう。

手袋は速乾性や防風性に優れていることはもちろんですが、歩行中に岩や木の根などの手掛かりをつかむケースもありますから、丈夫なナイロン素材を施したものがお薦めです。

【ボトル】

山登りに水分補給は欠かせません。ペットボトルでも構いませんが、専用ボトルを選ぶには軽量で素早く飲める丈夫なアルミ製が重宝です。最近ではボトルを取り出さなくとも水分補給ができるハイドレーション型のものも販売されています。

（廣澤）

*001
金時山
きんときやま

地図「御殿場」「関本」

標高　1212.4m
標準タイム　約3時間30分

動画へGO!

Access
東名御殿場ICから箱根方面に国道138号で約20分

公時神社を起点に金太郎伝説の残る稜線へ

大涌谷や早雲山に噴気が昇る温泉景勝地、箱根山は50万年前に活動を開始したとされる火山体である。その後も噴火や崩壊を繰り返し、山容は極めて複雑な地形を成すが、カルデラを見下ろす外輪山の山並みはわずかに孤を描きながら南北に連なって分かりやすい。静岡・神奈川の県境でもあるその外輪山中の最高峰が金時山で、箱根火山の最北にある。正確にいうと外輪山ではなく火山学上は側火山というらしいが、地形的にはカルデラを囲む稜線を構成する山岳の一つであり、素人目には外輪山列の一角に見える。

国内第一級の観光地に存在するだけに金時山への登山コースは幾つもあり、案内板も道標もよく整備されている。慣れない初心者も不安はない。車でも鉄道・バスでも便利なのは公時神社を起点に山頂に登り、外輪山稜線を乙女峠経由で再び神社に戻るという周回コースである。公時神社へは国道138号をたどる。仙石原で「金時神社入口」のバス停を山側に入り、ゴルフ練習場を奥へ進むと無料駐車場がある。練習場も有料で駐車可能だ。東名御殿場ICからだと10km、20分ほど。

身支度を整えたら駐車場脇の舗装道を行く。すぐに公時神社で、拝殿の背後に金時山が見えたら本日の好天は約束されたも同然。鼻歌の一つも口ずさみ、植林内の緩や

1国道138号の公時神社入口。ゴルフ練習場を入り、奥に進むと駐車場 2登山道口の駐車場。左の舗装道を登る 3公時神社。拝殿の背後に金時山がのぞく 4公時神社奥の院

かな登山道を行こう。さすが神社林というか、ほどほどに手入れのされたヒノキ林は朝の日差しが届いて明るい。林道を一つまたぐ前後に「手毬石《てまりいし》」や「宿り石」などと名付けた大岩がある。力自慢の金太郎伝説にまつわる旧跡で、幼児の手を引いた家族連れに人気のスポットだ。

　少し急な登りにかかるとむき出しの岩や木の根が歩行のリズムを崩すが、焦ることはない。やがて林相がヒメシャラ、ヤマボウシなどの落葉広葉樹に変わり、ツガやアセビが混じってくると南側の展望が開ける。足下に仙石原の草原と温泉街、正面には噴煙が立ち昇る大涌谷や、神山など中央火口丘の赤茶けた山肌、そして右手は外輪山の山並みとその麓に横たわる芦ノ湖…。絵葉書のような大景観が手の内だ。

壮大な富士山と対峙できる山頂の茶屋前

　緩やかになった道を尾根に回り込もうとする手前、左手に踏み跡がある。上って大岩に立つと登山道よりはるかに見晴らしがいい。隠れた展望台だ。納得いく写真を撮ったら登山道に下り、左に行くとすぐに矢倉沢《やぐらざわ》峠からの道と合流する。「公時神社分岐」と呼ばれており、二つの登山口からのハイカーでにぎわいが増す。ここまで神社から約1時間の道のりだ。

　山頂までの尾根道は半分ほどが急坂で、岩の露出もあるが取り立てて危険な個所はない。ソーラーパネルのある登山者カウンターを過ぎると山頂はもうすぐ。林が切れると金太郎茶屋の裏手から頂上に飛び出る。箱根町と南足柄市、小山町が境を接する山頂にはもう一軒、金時

大涌谷、神山を正面にした仙石原の展望。右奥が芦ノ湖

娘で知られる金時茶屋があり、二つの小屋の前でゆったりとくつろげる。眼前の展望はこれまた比類なき雄大さである。お目当ての富士山は西方、大看板の向こうに大きなすそ野を精一杯に広げている。優美というか、壮大というか、真正面の富士とこれほど正面切って対峙できる場所はそうはあるまい。眺めているだけで胸がすく。

見通しの良い秋から冬には新雪を被った南アルプスの山並みがさらに遠くに望める。南へ愛鷹山塊《あしたかさんかい》、そして駿河湾の眺めだ。手前にこれから下る外輪山の稜線が延び、まさに駿河と相模を分ける国境稜線である。二つの茶屋には過去に訪れた著名人の写真や色紙が飾られている。山好きな皇太子浩宮殿下のお姿、若き日のミスター長島、横綱佐田の山に女優の浅丘ルリ子…などなど。温泉の効能と金太郎の愛らしい魅力で、この山がいかに多くの人に愛されたか、よくわかる。

本州の太平洋側を東西に分ける境目は古代から様々に説明されるが、箱根を分岐とする説も説得力ある地理概念だ。奈良時代の律令制で箱根より東の東海道が「坂東《ばんどう》」

林床のヤマアジサイ（左）とシモツケ

5 金太郎が母の山姥と雨露をしのいだ、と伝えられる金時宿り石
6 急坂は雨水の通り道になり、ヒノキの大木も根が洗われてこの通り

と呼ばれ、鎌倉幕府の成立後、それらの東側諸国が「関東」という名で地域的なくくりをされた。東海道の行き来を阻んだ天下の険をどこで越えたかという箱根坂の変遷は、名だたる街道の往来の歴史を豊かに彩る。

常に政権が存在した京阪の地から眺めると、その権勢の及ばないはるか彼方、それが箱根の向こうの坂東であった。その境を行き来するために古代から人々は相駿の国境をどこかで越えた。御殿場の鮎沢から鞍掛山付近まで、箱根カルデラを囲む山の連なりのいずれかである。時代とともにそれは移り変わった。足柄峠、乙女峠、長尾峠、湖尻峠、そして箱根峠…。外輪山の西側半周部には火山学の関心もさることながら、歴史や地政学的な興味もわく。

孝女の伝説が伝わる「乙女峠」を経て下山

金時山頂からその外輪山を南に行く。急坂を一挙に下ってまた登り返すと、後は雑木林の緩やかな尾根道。林の切れたササ原から仙石原や中央火口丘が、山頂とは少しアングルを変えて展望できる。40分ほどで長尾山だ。山頂は尾根上に小さく開けた広場のような所で、乙女峠から登る逆コースだと一息入れたくなる地点である。峠への下りはさほど急ではないが、丸太の階段が続く。乙女峠は電波塔のある丸岳との鞍部で標高1005m。御殿場と仙石原をつなぐ峠道の最高所である。

峠の名は小田原藩が峠の往来を取り締まったことに由来する「御《お》留峠《とめとうげ》」が転訛したものという。一方、仙石原にその昔、病の父を持つ娘があり毎夜、駿河・竹の下の地蔵堂へ回復祈願に通った。ついに満

7 公時神社分岐。矢倉沢峠からの尾根道に合流する 8 山頂から芦ノ湖とカルデラを囲む外輪山の眺め。電波塔の建つのが丸岳

山頂直下で見つけたヤマリンドウ

長尾山上空から金時山。右奥は矢倉岳。稜線に点々とあるのは満開のヤマボウシ

乙女峠。東西どちらに下っても国道138号線のバス停に出る

願の100日目、娘は父親の身代わりに雪の峠で息絶える。名を「とめ」といった。以後、村人はこの峠を乙女峠と呼び、孝行娘を供養したという説もある。峠のロマンをかき立てるのは何と言っても後者だろう。孝女の話は今や多くの人が知る箱根伝説の一つである。

かつては富士を眺める三大峠に数えられ、茶屋もあった。茶屋の店仕舞いとともに周囲は雑木が生い茂り、いささか寂しい風情の中に取り置かれている。仙石原へは左折して東へ下る。ブナの林をジグザグ行くと、車のエンジン音に驚かされる。ここは乙女トンネル東口のすぐ上なのである。さらに下って植林地を抜けると国道138号だ。路傍に乙女峠登山口の石碑と道標が立つ。国道を東へ800mほど行けば駐車場である。週末の箱根は車両の往来が激しい。国道の歩道は狭いので、後方からの車に十分に注意して歩きたい。

（児平）

138号線沿いの乙女峠登山口

P 駐車スペース
トイレ
ビューポイント

コースタイム

公時神社駐車場
▼ 約1時間
神社分岐
▼ 約25分
金時山
▼ 約40分
長尾山
▼ 約20分
乙女峠
▼ 約55分
公時神社駐車場

*002

万二郎岳／万三郎岳

ばんじろうだけ／ばんざぶろうだけ ｜ 地図「天城山」

標高　万二郎岳1299m／万三郎岳1405.6m

標準タイム　約5時間

Access

東名沼津IC、新東名長泉沼津ICから修善寺道路修善寺ICまで30分。さらに天城高原まで50分

明るさに満ちた伊豆半島ならではの山旅

伊豆半島の内陸、狩野川の源流部を構成する脊梁山脈のうち、東側の半分を俗に「天城山《あまぎさん》」、あるいは「天城連山」と呼ぶ。遠笠山から天城峠に至る稜線は幾つかの峰と峠から成り、その連山中の盟主とうたわれるのが最高峰の万三郎岳だ。

兄弟峰である万二郎岳とともにアマギシャクナゲの群落で知られ、開花期の5、6月の週末には首都圏などからも多くの登山者が訪れる。著名なゴルフ場に隣接してトイレなどが完備した「天城高原駐車場」（無料）があり、ここから入山するのが一般的。東名、あるいは新東名からは修善寺道路経由となる。伊豆急行伊東駅からは路線バスが出ており、ここが終点である。

修善寺ICを降り、修善寺駅前から東へ大見川を遡る。冷川から伊豆スカイライン、遠笠山道路を経てゴルフ場入口手前の駐車場まで50分ほどのドライブだ。駐車場から「天城山縦走路入口」の看板に従っていささか暗い植林に入ってゆく。ほどなくヒメシャラ、ブナ

1

2

3

4

5

1天城高原のハイカー専用駐車場 2駐車場と道路をへだてて向かい側にある登山口 3新緑に燃える登山道 4四辻。万二郎岳は左へ沢沿いのルートをとる 55、6月に開花時期を迎えるアマギシャクナゲ

などの広葉樹林を抜け、分岐の「四辻」に出る。右に取れば山麓中腹を巻きながら万三郎岳に向かう周回コースで、もう一方は万二郎岳に直登する尾根道だ。

四辻と呼ばれるが、地図では三差路である。万二郎岳へは左へ、まずは沢沿いの道を行く。菅引川の源流で時折、枯れ沢を渡る。四辻から万二郎山頂までは標高差250mほど。頂上直下を除けば急登もなく、登るに従い相模灘や丹沢山塊、そして幸運ならば富士の雄姿も遠く北の空にのぞく。時にゴルフコースも眺められ、半島の山岳らしい明るさに満ちた山旅である。

シャクナゲと並ぶ 天城名物「アセビ」の群生地

ほどなく山頂に到るという辺りに相模灘を見はるかす絶好の展望個所がある。ガレ場なので少し注意が必要だが、電波塔のある箒木山を手前に、距離にして30kmほどの海上に伊豆大島が浮かぶ。樹林の中をひたすら登ってきた身には海を見下ろす爽快感、開放感はまた格別だ。万二郎～万三郎岳の稜線には幾つかの展望地点があるが、ここが最初の撮影ポイントである。

6 万二郎山頂直下から相模灘の展望。遠くは伊豆大島

7 万二郎岳山頂 8 石楠立に向かう急坂の下り

四辻から登ることほぼ1時間で万二郎岳。ゆったりとした山頂だが、残念ながら眺望はない。一服もそこそこに東西に延びる尾根を西に下ると間もなく展望の良い岩場がある。ここも撮影地点。さらに下って登り返す。馬の背状の狭い尾根だが梯子段が整備されていて危険はない。この登りにも眺望のきく場所がある。大岩の上に乗って、ほぼ360度の眺めを写し撮ろう。もうひと登りし、道が緩やかになるとシャクナゲと並ぶ天城の名物「アセビ」の群生地である。

溝状に掘れてしまった登山道を行くと、アセビの古木が左右から覆いかぶさるように続く。房状につく白い小花は可憐で、時期には文字通り花のトンネルである。ただし花期は3月から5月初め。シャクナゲの開花はその後になり、残念ながらシャクナゲとアセビを同時に、という欲張りはかなえられない。花好きの登山者には悩ましいところだ。

コースはすぐに岩尾根の下りとなる。少しばかり急だが、こちらも岩場には梯子が掛かっており心配はない。降り立った辺りからぽつぽつとシャクナゲが姿を見せ始める。「石楠立《はなだて》」と、何やら床しい名前で呼ばれるシャクナゲ(石楠花)の群生地で、艶やかな濃緑色の肉厚の葉の間から、牡丹のような大輪が四方に顔をのぞかせている。雅やかな純白、妖艶な紅色、その間

トンネル状のアセビの群落

万二郎岳までの登路を楽しませてくれるミツバツツジ（右）とアセビ

をつなぐ何段階もの薄桃色のグラデーション。尾根道の周囲は一挙に華やぎを増し、満開の木の下で足を止めた登山者の歓声が稜線に響き渡る。

尾根道に咲く 華やかなアマギシャクナゲ

万三郎岳まではシャクナゲに囲まれながらの花の旅をもうひと踏ん張りする。やがて木々の間から北東に伊東の市街地、その向こうに小さく初島の姿を認めると待望の山頂に到着。一等三角点のある伊豆半島の最高位点である。5月半ばを過ぎた週末の昼時、頂上はツアーの一団でにぎわっていた。万二郎と同様、こちらの頂きも眺望は今一つだが、匂い立つほどのシャクナゲの群落を堪能したばかりの一群はそれなりに満ち足りた表情で記念撮影に興じ、思い思いに弁当を広げたりしている。

休憩後、稜線をさらに西に向かって緩く下ると数分で分岐点。左にとれば八丁池を経て天城峠に到る縦走路。途中の戸塚峠付近の北斜面は天城の秘境と呼ばれる皮《かわ》子平《こだいら》原生林で伊豆東部火山群中、最大の噴火口跡とされる。ブナの古木群やヒメシャラ群落、季節にはフジザクラの花咲く人気のハイクコースでもある。逆に、四辻を経て天城高原の駐車場へ戻る「シャクナゲコース」はそのまま右方向に直進する。

歩き良いとはいえない丸太の階段を下り、ブナ林に点在するミツバツツジやヤシオの花色を楽しみながら歩くこと50分。次に現れた道標に「涸沢分岐点まで0・2㎞」の表示がある。この辺りの標高は1150mで、稜線から一気

シャクナゲコースの白シャクナゲ。暗い林内に明りが灯るよう

9

10

9 10 万三郎岳に向かう稜線の花の競演

11団体登山者でにぎわう万三郎岳山頂
12万三郎岳下分岐。左は八丁池を経て天城峠へ。「シャクナゲコース」へは右へ

に250mを下り降りたことになる。ここで道は東に向かい、しばらくは等高線に沿いながら緩やかな登り降りを繰り返す。

時折、シャクナゲの見事な大木に目を奪われる。根っこに巨岩を抱いた一本は白い花を満開に咲かせ、隣に寄り添うそれより若い薄紅色の一本と合わせ、仲睦まじい夫婦のようである。写真撮影につい夢中になるが、足もとは岩の転がる悪路である。転倒に気をつけたい。

万二郎〜万三郎岳と続く山頂稜線の北斜面は、石楠立の鞍部を境にして東西で全く様相を異にしている。比較的急しゅんな地形の万三郎岳側の北面に対し、東側北面は驚くほど緩やかである。シャクナゲコースはその両方の斜面を横切るように設けられていて変化に富む。

シャクナゲの花々と別れ、さらにスギ、ヒノキの暗い植林地を抜け出るとコースはちょうど半分ほど。辺りの景色は一変し、ブナの老木にヒメシャラの若木が混じる林相となる。道は広く、落葉樹林の明るい散策は鼻歌の一つも出そうである。間もなく朝方に分かれた四辻に着く。ここまで涸沢分岐点からほぼ一時間。天城山の主稜線から山腹をグルっと一周したことになる。

駐車場まではあと20分。最後のひと踏ん張りである。（児平）

P 駐車スペース
トイレ
ビューポイント

コースタイム

天城高原駐車場
↓ 約1時間20分
万二郎岳
↓ 約40分
石楠立
↓ 約40分
万三郎岳
↓ 約1時間
涸沢分岐点
↓ 約1時間20分
天城高原駐車場

*003

仁科峠／猫越岳／猫越峠

にしなとうげ／ねっこだけ／ねっことうげ　地図「土肥・湯ヶ島」

標高　仁科峠 895m／猫越岳 1034m／猫越峠 970m

標準タイム　約3時間30分

Access

東名沼津IC、新東名長泉沼津ICから伊豆縦貫道で35分、天城北道路大平ICから国道136号を行き船原トンネル手前から県道411号、県道59号（西伊豆スカイライン）で40分

西伊豆の海と天城湯ヶ島町の内陸結ぶ風光明媚な峠

伊豆半島の山稜は東海岸側から天城峠を挟んで西伊豆へとU字型にのびている。天城峠東側の万二郎岳、万三郎岳とその周辺はとりわけ人気があり登山者、ハイカーでにぎわう。西側の仁科峠まではブナ、ヒメシャラの大木林があって自然形態が保たれ、貴重な山域となっている。仁科峠から猫越岳を越えてブナの大木林の森を往復するコースを歩いてみる。

東名なら沼津ＩＣ、新東名だと長泉沼津ＩＣから伊豆縦貫道、修善寺道路などの自動車専用道を使って建設中の天城北道路で降りる。そこから国道１３６号で修善寺から船原地区を経て船原峠へ進む。さらに県道４１１号を南下して風早峠の先の仁科峠に至る。峠の駐車場は20台ほど可能である。

仁科峠は西伊豆の海岸部と内陸の天城湯ヶ島町方面を結ぶ峠で、ササ原の広がる風光明媚な地として知られる。峠には立派な案内板があり、両側の腰丈のササがきれいに刈り払われた登山道を登っていく。丸太の階段を登るとナベ石

1 笹原がきれいに刈り払われた登山道 2 仁科峠にあるナベ石 3 ナベ石より見える後藤山 4 ナベ石から見る富士山

と呼ばれる巨石がある。北方に見える西伊豆山稜の魂ノ山《こんのやま》の上に富士山がそびえ、西方の眼下に宇久須港と集落が見下ろせる。ナベ石から丸太の階段を下ると車両止めのゲートがあり、くぐり抜けて緩やかな道を登っていくと北側の展望が開け、天城牧場の赤い屋根と牧草地が広がる。牧場を背にして急坂の丸太の階段を登ると後藤山ののびやかな山頂に着く。

伊豆半島が火山島だったことを示す猫越火口湖

　山頂の北側はマメザクラが多く、春先には白桃色の小さい可憐な花がたくさん咲く。ハコネササ、アセビ、マメザクラ、ヒメシャラの混成林は伊豆山稜特有の森林を歩いている感じである。後藤山から緩やかに下ると後藤峠に着く。峠というより後藤山と猫越岳の鞍部で、道標がなければうっかり通過してしまうところだ。峠から丸太階段を上っていくと尾根に出て、西側に切り開かれた展望台に出る。西方面が開け、後藤山の先に西伊豆山稜の風早峠が見え、名のごとく西風のよく通る鞍部になっているのがよく分かる。このコースで展望が得られるのはナベ石とここだけなのでゆっくりと眺めを楽しもう。

　展望台からさらに緩やかに登ると南側に猫越火口湖があり、山上に池が現れる。火山の噴火跡と言われていたが、その後の調査で火口は浸食でなくなって、溶岩の上の堆積物に水が溜まったといわれている。山上池があることで野鳥や野生動物が棲息し、多くの渡り鳥が通過する貴重な水場になっている。池の周りにはアセビや多種類の苔類が群生し、モリアオガエルのバレーボールぐらいの大きさの泡状の産卵が見られるという。冬には全面結氷し、周囲の木々に霧氷がつく様子は温暖な山域では想像しがたい。

　火山池から緩やかに登ると小広い猫越岳の山頂に着く。2等三角点標石が中央にあるが、木々に囲まれて展望はない。伊豆山稜線歩道の山名板が設置してある。ここは狩野川支流の猫越川源流部である。この山域は江戸時代から幕府の命令で厳しく伐採が禁じられていた。戦後の植林政策で国有林の猫越川沿いの自然林は伐採されてスギ、ヒノキが植林されたがブナ林は残っている。天城山の万三郎岳周辺のブナ林は幹や枝ぶりに特徴があり、ヘビブナと呼ばれる荒々しいブナの大木が見られるのに対し、猫越川源流部は枯れているブナが少なく、枝ぶりも伸び伸びとした大木林である。

四季を楽しむ樹齢200年以上の大ブナの森

猫越岳までの道はよく整備されているが、ここから峠までは丸太の階段は朽ち、倒木も多い。緩やかに下り、広い場所に出るとT字路になって南側の滝見林道へはトラロープで立ち入り禁止になっている。さらにT字路から北へ舟窪状の道を下ると、北側の猫越川から林道へ出る道も通行止めの標識板が建っている。猫越峠からの登山道は昔からの国有林の見回り道に変わり、山腹を歩くトラバース道になる。山仕事で効率よく歩き、アップダウンを少なくした道である。

尾根上はブナ、ヒメシャラの大木林に変わり、特に1014m峰は大ブナの林があり、樹齢約200年以上のブナ林を登山道からも確認できる。ツゲ峠へ続く伊豆山稜線歩道は南面のトラバー

5 ブナの新緑 6 猫越岳山頂近くの火口湖
7 猫越岳山頂 8 伸びやかに枝を伸ばすブナの大木

火口湖に自生するスギゴケ

ス道を歩いていく。ブナの巨木帯は北西方面の緩やかなところにあり、急斜面にブナが生えていたら切り倒されて、出材されていたかもしれない。緩斜面に生えていたために残った大ブナの森で、貴重な存在である。最近はインターネットなどで紹介され、訪れる人が多くなっている。

ブナ林の四季は変化があって楽しめる。春は新芽が淡い黄緑色、初夏は空が見えなくなるほどの深緑色、秋は黄葉になり、晩秋には実を落とし、冬は枝先が朝日に輝き、雪が降れば霧氷がつく。四季それぞれに美しい景色を見せる。天城山系の伊豆中央山稜には貴重なブナ林が残されている。ブナ観察を終えて仁科峠に戻り、時間があれば風早峠や宇久須峠へのササ原を歩くのもいい。

（廣澤）

9ヒメシャラとカエデの紅葉 10猫越岳に咲くアマギツツジ

Pick Up! ブナの森

ブナの森はブナの高木層、ミズナラ、カエデの中木層、リョウブ・アセビの低木層、スズタケの林床、苔の地表層の階層構造になっている。単にブナを守れというが、各層が共生し森林になっているのでブナだけを守るわけではない。ブナの寿命は200〜250年といわれ、200年以上の巨木は威厳があって畏敬の念が湧いてくる。

ブナは水分が多く腐りやすく建築・家具材に用いられなかったが、現在では自然環境重視から貴重な木材になっている。200年以上の巨木は約10年に一度花が咲き、秋には大量の落葉と菱形の実を落とす。落葉は腐葉土、実は動物のエサとなり森林を豊かにしている。ブナ林から染み出す水は栄養豊富で伊豆半島周辺は豊かな漁場となっている。

P 駐車スペース
トイレ
ビューポイント

コースタイム

仁科峠
約1時間10分
猫越岳
約40分
ブナの森
約40分
猫越岳
約50分
仁科峠

*004

金冠山／達磨山

きんかんざん／だるまやま | 地図「達磨山」

標高　金冠山816m／達磨山981.6m

標準タイム　約3時間40分

Access

東名沼津IC、新東名長泉沼津ICから伊豆縦貫道で30分、修善寺道路修善寺ICから県道18号を15分

達磨山高原から富士山を見渡す大パノラマ

世界遺産登録を機に富士山は再び広く世界に紹介された。戦前の昭和14年、ニューヨークで開かれた万国博覧会で伊豆の達磨山高原から駿河湾に浮かぶ淡島や愛鷹山塊の上にそびえる富士山を写した大パノラマ写真を公開したことがあった。日本を代表する富士山のお披露目であった。

世界遺産登録後、富士山に登る外国人が多くなっている。達磨山高原のレストハウスから見える風景は今も昔も変わらない。そのレストハウスの駐車場から金冠山に登り、戸田峠に出て、達磨山からの展望を楽しんでみたい。伊豆縦貫道を修善寺ICで降り、県道18号に入る。総合レジャー施設「虹の郷」を右側に見て、レストハウスの駐車場（無料）に車を停める。

レストハウス北側には「富士山を見る丘」があり、万博記念碑にステンレス製の写真がある。その写真を見ると、静岡市清水区の三保の松原から眺める富士山よりも山頂部の山容が立っているように見える。駿河湾に浮かぶ淡島の風景

1 淡島が浮かぶ奥駿河湾 2 レストハウスから望む富士山
3 観光客も訪れる「だるま山高原レストハウス」
4 だるま山高原レストハウス近くにある登山口

に変わりはなく、沼津アルプスと呼ばれる鷲頭山麓の町並みも見える。宝永火口が愛鷹山塊の陰に少し隠れて、大海原に浮かぶ富士山の眺めは昔も今も伊豆随一であることに変わりはない。

春を彩る白いアセビとピンクのマメザクラ

富士箱根伊豆国立公園の案内板西側から伊豆山稜線歩道に入る。「戸田峠1・8㎞、達磨山4㎞」の道標があり、石段の登山口から入る。イヌツゲ、アセビ、マメザクラの間の広い芝生道を行く。ゴルフ場のように整備された沼津市と伊豆市の市境を西に向かって歩い

5金冠山山頂から見える富士山 6第3管区海上本部のパラボラアンテナ

て行くと、前方にパラボラアンテナの鉄塔が銀色に輝いている。やがて戸田峠からの道と合流し、芝生の道から丸太階段の急坂を登ると岩の露出した金冠山の山頂に着く。

駿河湾が右に弧を描くように見え、富士山はレストハウスから見るよりも宝永火口跡が大きく見える。山頂西側にある丸い石には金冠山の山名が刻まれている。年代を感じる丸石である。北西方向の下方に真城山《さなぎ》への道があり、芝生広場にシカがよく出てきているのが見える。金冠山から東下へ戻り、レストハウスからの道からパラボラアンテナの管理道の舗装道を下って鎖のゲートの脇を通り、県道を渡ると戸田峠の駐車場の北側に立派な案内板が建っている。

案内板は英・中・韓国語でも書かれている。幅広い伊豆石で作られた石段から達磨山へ向かう。秋から冬には西風が強いのでイヌツゲ、アセビは小木でハコネザサがびっしり生えたところは両側が刈り払われ、道は整備されている。春にはアセビの白い花とマメザクラの白桃色、アセビの濃緑色の葉のコントラストがいい。

笹原の小達磨山を越して西伊豆スカイラインのアスファルト舗装に出て、「あせびヶ原」と呼ばれる小広場に着く。あせびヶ原から西下に戸田港と戸田大川の左岸に集落が並んで見え、入り江に囲まれた風待ち港と呼ばれる戸田港が手に取るように見える。あせびヶ原から再び丸太階段を一直線に急坂を登る。達磨山の山頂まで標高差が約130mあるのでゆっくり登る。東方の修善寺側は山の斜面が

7登山者でにぎわう金冠山山頂 8濃緑色の葉に白い花をつけるアセビ 9あせびヶ原から西下に見える戸田港

緩やかになっているのに対し、戸田側は急斜面になっている。西伊豆が駿河湾側から隆起しているのがわかる。

伊豆半島で最初に出現したと言われる達磨山

急な丸太階段を登れば達磨山の山頂だ。山頂には大きな丸みの石が2個ある。これは輝石安山岩の溶岩で、その昔、達磨山が火口であった証だ。達磨山は伊豆半島に最初に現れ、番太郎・万太郎山と呼ばれ、天城山系の万二郎、万三郎岳と松崎町の長九郎山は順番に隆起し、兄弟と言われる。達磨山は伊豆半島の山々の中では目立つ山で、静岡市内の日本平や久能海岸からもよく見える。山頂からの眺望は県内の山岳の中でも有数だ。

昔から十三国峠と呼ばれ、東は千葉県、西は三重県が見えるという。山名は諸説あるが、ダルマ起こしのごとくこの山で転んでもすぐ起き上がれるというダルマ説がいい。秋から冬にかけての晴天の日には双眼鏡で駿河湾に浮かぶ船を見るのも楽しみの一つである。山頂の北方は小達磨山の上に富士山が見え、笹原の中に登山道が一直線に切り開かれているのが見える。南方には西伊豆スカイラインが西伊豆山稜の中に緩やかに描かれているように見える。1等三角点標石が四つの小石に囲まれ、字が左書きで南向きに埋設されている。

達磨山の南側を下り西伊豆スカイラインに出ると、戸田駐車場に着く。駐車場の南上は最近「古稀山」の山名が付けられ、70歳のお祝いをこの山頂で行うグループが増えている。戸田駐車場から達磨山と小達磨山を越して戸田峠へ戻り、県道からレストハウスの駐車場へ戻るのも悪くはないが、今回は「きよせの森」を歩いて戻ってみよう。

この森は生活環境保全林になっていて83種、1万8000本の樹木があり、北又川沿いに渓流コースがある。マメザクラ、ツバキ、クヌギの森があって四季を通じて楽しめる。だるま池と野鳥の池にはハコネサンショウウオが生息している。クヌギの森から急坂を登るとレストハウスの駐車場に出る。ウオーキングを終えて夕景の富士山を眺めるのもまた格別である。

（廣澤）

10 ハコネザサが刈り払われた達磨山への登山道 11 達磨山山頂に建てられた石碑 12 山名の由来となったとも言われる達磨山山頂の大石

13 西伊豆スカイラインから見える達磨山と富士山

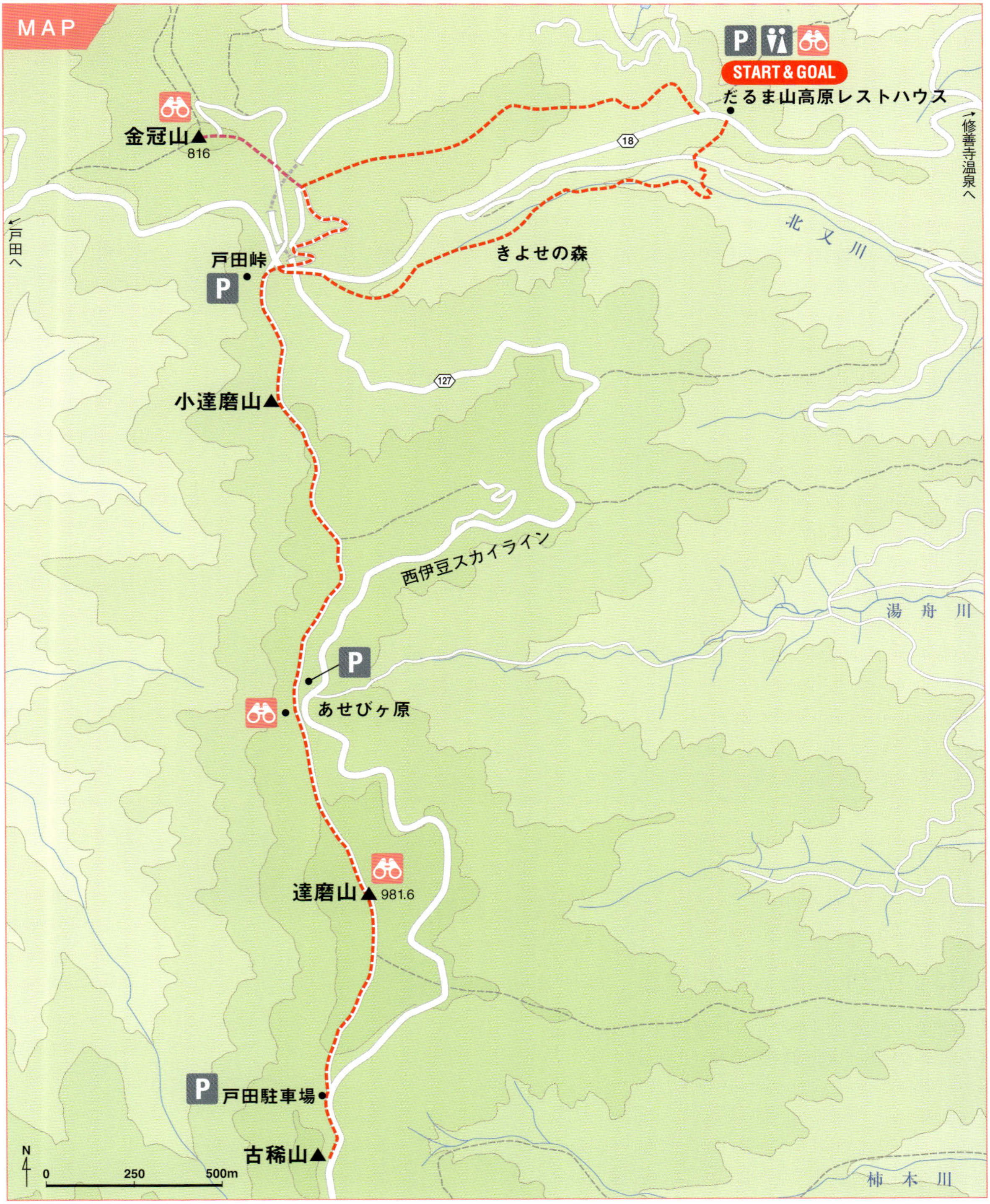

P 駐車スペース

トイレ

ビューポイント

コースタイム

レストハウス → 約30分 → 金冠山 → 約20分 → 戸田峠 → 約40分 → 達磨山 → 約30分 → 古稀山 → 約1時間 → 戸田峠 → 約40分 → レストハウス

春先に黄色い花をつけるミツマタ

*005

位牌岳／愛鷹山

いはいだけ／あしたかやま

地図「愛鷹山」

標高　位牌岳 1457.5m／愛鷹山 1187.5m

標準タイム　約5時間30分

Access

東名沼津IC、新東名長泉沼津ICから北上し約20分

奥駿河湾へ豊かな水をもたらす愛鷹山塊

愛鷹山塊は北から越前岳、呼子《よびこ》岳、鋸岳、位牌岳、袴腰《はかまごし》岳、愛鷹山からなり、南端の愛鷹山だけが「山」と付く。南麓の沼津市や長泉町の人たちは「あしたかさん」と呼んで昔から信仰の山とし、山の恵みに感謝した。晩秋、愛鷹山塊の落葉樹林に雨が降ると、翌年の春には腐葉土の水源から沼津市の静浦など奥駿河湾の沿岸に栄養豊富な水が注ぎ、イワシやアジ、サバが大漁になると言われた。長泉町長窪の人たちはその水源に水神社を祭り、7月例祭には感謝を込めて沼津港の水産関係者たちが参拝する。

その水神社から愛鷹林道を利用し、長泉町が整備した「つるべ落としの滝」からブナ平、位牌岳、袴腰岳を経て愛鷹山に登り、再び愛鷹林道から水神社に戻る。登山口となる水神社の駐車場へは新東名の長泉沼津ICから桃沢川に沿って駐車場に入る。途中に水神社への道標が建っている。水神社は本堂が明治末期に建立された。現在は無住で、定期的に信徒が掃除に通っている。

20台ほど駐車できる水神社駐車場から西側の舗装道入口にチェーンのゲートがあり、乗り越して林道を登っていく。ゲートから舗装道路を登っていくと、桃沢川側には河川敷に溶岩が流れた跡の「うろこ岩」と呼ばれる場所が見える。急カーブを過ぎると、林道が二手に分かれる。東方には池の平展望公園があるが、直進の愛鷹林道を進む。林道入口には鉄製の頑丈なゲートが設けられ、両脇に大きい石が置かれ、オートバイの侵入を阻止している。

つるべ落しの滝から位牌岳山頂を目指す

未舗装の道になると山側の土砂が高く積み上げられた先に「つるべ落としの滝ハイキングコース入口」という立派な案内板が建っている。登山道入口の上部には静岡森林管理署の「山火事用心」の赤い布の幕が張られている。登山口を入ると両側のスズタケが刈り払われ丸太の階段を登っていく。やがて桃沢川支流の沢沿いに「千じょう岩」の標板が建ち、大きな一枚岩があって水溜まりができている。その先には「板状節理」の看板が立ち、岩場から登山道まで板状の石がたくさん落石となっている。この石は昔、板屋根の上に載せたり庭石に使われたという。その上を歩いていくと石と石が当たり、石琴のような音が鳴る。

板状節理から小さい沢沿いを登っていくと「五輪の塔」の分岐に出る。左手の尾根上の平坦地に五輪の塔と呼ばれる墓があり、かつては古銭がたくさん奉納されていた。五輪の塔の尾根上にはパワースポットとして人気の大スギやコメツガの大木があり、一見の価値がある。五輪の塔の分岐に戻り、少し登ると「つるべ落しの滝」がある。落差約20mの黒色の滝で、普段は水量が少ないが、岩板が重なり合って変わった形の滝である。滝から緩やかに登り、ミツマタの群生地を左手に見ながら、緩やかなブナ、ヒメシャラの自然林の道を進むとブナの大木が現れる。林床のスズタケは枯れているが大ブナの根張りが太く力強い。シカの生息地だが、アセビは中毒を起こすので食害されずに中木が多い。ブナ平と呼ばれる場所で、東側にある池の平展望公園からのよく整備された登山道と合流する。

ブナ平からは位牌岳へ直接登らず、長泉町がつけた登山道を行くと位牌岳と袴腰岳の稜線に出る。長泉町の最高標高地点名の入った御影石碑の前を通り、さらに急坂を登って西側のガレ場に出ると鋸岳のギザギザな山容と位牌岳が見える。ガレ場の縁を通り、小ザサ帯を登れば位牌岳の山頂広場に着く。山頂から少し北側に出ると、宝永火口の爆裂口が大きく見える特異の場所がある。鋸岳方面へのルートは崩落で通行止めになっている。滑落事故の多発地域である。

ミツマタの群生地

1 地元民が豊漁を願う水神社 2 山火事用心の幕の下にハイキングコースの案内板が建つ 3 石琴のような音が鳴る板状節理 4 位牌岳山頂

秋にブナとカエデの紅葉が広がる愛鷹縦走路

位牌岳から袴腰岳までは愛鷹山塊の縦走路である。長泉町から富士市と沼津市の市境に入ると道標は少なくなり、ブナ、カエデの自然林を下る。秋には素晴らしいモミジの紅葉が広がる。袴腰岳は尾根上の分岐点で東側へ下る。分岐で富士市側の須津《すど》川へ下りないように注意が必要である。分岐点から緩やかにアップダウンして丸みのある山容の馬場平が見え、ブナの大木林が枯れている。かつては空が見えないほどブナの葉で覆われていたが、今はまばらなブナの大木と太い枝が折れ、ヒメシャラの大木が目立つ。世代交代か温暖化か、酸性雨の原因か不明である。

馬場平は名のごとく平頂で、元気なブナの大木に黒い標識が付けられている。アセビの茂った登山道を南下すると、千段坂と呼ばれる急坂を下る。「千段坂のコル」と呼ばれる場所からスズタケの林床にヒメシャラの大木の間を登っていく。最後に粘土質の滑りやすい急坂を登ると愛鷹山頂である。アセビの大木が倒れ、芝生の山頂の

6

7

8

5

5 馬場ノ平にあるブナの霧氷
6 袴腰岳山頂を示す看板
7 愛鷹山山頂南側には、愛鷹明神の奥宮がある
8 登山道に咲くアセビの花

中央に1等三角点標石があり、標石と富士山が見えることから全国の1等点マニアが訪れる。富士山と1等三角点標石を同時に写真に収められ、特に関西方面の1等点マニアが多い。

芝生の山頂から南側に回ると愛鷹明神が祭られた奥宮があり、南側の石段には伊豆石が使われ、江戸時代の刻跡が見られる。愛鷹山から千段坂のコル、スギの植林地の中を下り、荒れた林道から柳沢橋の袂の愛鷹林道に出て、水神社に参拝して駐車場に戻る。（廣澤）

位牌岳から袴腰岳にかけてひろがる紅葉

P 駐車スペース
トイレ
ビューポイント

コースタイム

- 水神社
- ▼ 約50分
- つるべ落しの滝
- ▼ 約1時間30分
- 位牌岳
- ▼ 約30分
- 袴腰岳
- ▼ 約1時間
- 愛鷹山
- ▼ 約1時間30分
- 水神社

*006
富士山
二ツ塚／御殿庭

ふたつづか／ごてんにわ | 地図「印野」「須走」

標高　二ツ塚（上塚）1929m（下塚）1804m／御殿庭2150m

標準タイム　約5時間

動画へGO!

Access

新東名新富士ICから富士山スカイラインで50分。東名御殿場ICからは40分

美しい富士も実は活火山
太郎坊から仰ぐ3つの側火山

平成26年9月の御嶽山噴火後、火山予知に携わる学者・研究者の間から「富士山にもいつ同様の噴火が起きても不思議でない」という指摘が強まった。美しい富士も実は活火山だ、という事実を改めて認識しなくてはならない。団塊世代の筆者などは小学生のころ富士山は「死火山」と教わった。遠くから眺める富士はあの当時とちっとも変わっていないようだが、これこそが火山学の進歩であり研究の成果なのであろう。

その富士山の最後の噴火は今から300年前。江戸中期の宝永4年、わが国最大級といわれる「宝永地震」が起きた。その巨大地震の50日後に爆発は始まり、噴火は十数日続いたという。降灰は関東にも達し、元禄文化華やかなりし大江戸の人々を震撼せしめた。この爆裂でできたのが宝永火口、宝永山である。麓を巡るハイクコースが地元の御殿場市などの手で整備されている。火口はみにくいキズ跡にも見えるが「あばたもえくぼ」である。近くに寄ればまた親しみ

登山道脇のフジアザミ

1御殿場口太郎坊駐車場と新雪の富士 2鳥居をくぐり御殿場口登山道へ 3大石茶屋に向かう登山道。富士の左が宝永山

も湧こう。

取りつきは御殿場口太郎坊《たろうぼう》の駐車場で、ここまでは新東名新富士ICから富士山スカイラインで50分、御殿場ICからだと40分の距離である。トイレの上手にある鳥居をくぐると御殿場口登山道で、すぐ上の大石茶屋までは一本道。やや窪んだ沢状の周囲はかつての市営スキー場で、右岸に500mほどのリフトが架かっていた。慢性的に雪不足だったが、沼津周辺や神奈川県からもスキーヤーが集い、どこまでがゲレンデか区別のない大雪原を登高しては滑走を楽しんだ。仰ぎ見ると山麓から二ツ塚、宝永山、富士山頂と4つの隆起が南からせり上がっている。見渡す限り砂丘の広がりだ。

踏みしめる砂礫は軽石のような多孔質の小石。火山噴出物の一つでスコリアと呼ばれる。この堆積物こそが宝永噴火の置き土産で、流動するスコリアの斜面に植物は育ちにくい。この辺で元気なのはイネ科の雑草とかオンタデ、イタドリ、フジアザミだ。茶屋の前で山頂に向かう登山道と別れ、広大な斜面を西に向かえばやがて二ツ塚の鞍部に出る。駐車場から50分ほどだ。

駿相甲の3国国境を見渡す二ツ塚頂上

二ツ塚は噴火活動によって火口にスコリアが降り積もってできた側火山で、仲良く並ぶ姿から双子山の別称もある。周辺には○○塚と呼ばれるこうした火砕丘が数多く存在し、富士のすそ野の景観を特徴づけている。鞍部からは南の下塚に10分余り。鳥居や祠のある山頂から西へ小尾根を下りきり、分岐を北へ登り返すこと20分で上塚の頂上だ。二ツ塚はスコリアが深い。靴先を軽く斜面に蹴り込み、足場を作る感じで登ると疲れにくい。歩幅は小さく、確実に。

晴れた二ツ塚の眺望は素晴らしい。駿河湾から伊豆、箱根、丹沢、さらに御坂《みさか》の山塊、そして山中湖…と、駿相甲州の3国国境を見はるかして何やら天下取りの気分である。見上げる上塚の正面には宝永山、さらにその上方に富士山が顔を出している。分岐に戻って向かう先は、これまでとは趣の異なる樹林帯である。富士の南面に広がる国有林の一部で、秋にはカラマツの黄葉がまた見事である。

出だしはその国有林とスコリアの境目をやや下り気味に行く。須山口下山道と交わる四辻、三辻を過ぎると樹林の急登になる。炎天のスコリア砂漠を歩いた後などは木々を抜ける冷気にホッとする。小天狗塚を経て少し下り、上り返して涸沢に出会うとそこが「御殿《ごてん》庭《にわ》入口」である。道は二手に分かれるが右へ、宝永火口方面に向かう。登りはさらにきつくなるが、次第に富士山、宝永火山とその火口壁が露わになってくる。赤茶けた岩の露出を眺めながら登り続けるとカラマツの樹林が切れて「御殿庭上」の道標に出る。「入口」から40分ほど。眼前は宝永第3火口で、標高2150m。随分と登った感がある。

湾曲した火口の底はカラマツの群生地。新緑や黄葉、あるいは積雪期の樹氷を手前に、青空と富士を取り込んだ傑作をものしたいとアマ写真家が足を運ぶ場所だ。秋の早いうちにはオンタデの紅葉した草もみじを楽しめるが、残念ながらカラマツの黄葉とは重ならない。記念の写真を撮ったら下山しよう。火口底を横切り、緩やかに林を抜けると小さな尾根上に出て須

4 大石茶屋前の分岐。奥の火砕丘が二ツ塚
5 二ツ塚分岐。左へ下塚の登り

6 鳥居のある下塚の頂上
7 上塚への登り。宝永山の噴火口がのぞく
8 紅葉のカラマツ林と富士

スコリア砂丘に咲くクサボタン（左）とベニイタドリ

山口登山道と合流する。ここが「御殿庭中」で、すぐ下の左手に「村山修験者富士山修行場跡」の標柱が目にとまる。麓の村山浅間神社の山伏が籠って修行したのがこの辺りとされ、それが御殿庭の名の由来らしい。

富士山の噴火の歴史をとどめる貴重な幕岩

道はダケカンバやシラビソなどが混じる樹林の中の急坂で、20分ほど下ると次に「御殿庭下」の大看板に出会う。太郎坊に戻るにはここを左にとる。少し荒れた道だが踏み跡は確かで心配はない。三辻まで戻ったら右に須山口下山道を下る。ダケカンバやカラマツの林を20分も行くと幕岩である。砂《ずな》沢《さわ》と呼ばれる涸沢にかかる滝状の溶岩壁で、幅100mといわれるが草木に覆われた今はそれほどのスケールは感じない。

付近は1万年前の玄武岩溶岩流から宝永噴火のスコリア層まで複数の火山堆積物が重なり合い、富士山が現在のような姿になって以降の噴火の歴史をとどめる貴重な場所になっている。幕岩の基部から下流への沢底には鏡のように磨

9 カラマツの樹林に向かう 10 四辻から富士と宝永山

11 御殿庭上から第3火口のカラマツ林
12 幕岩。奥中央が滝口
13 太郎坊に下る樹林の散策路

黄葉、紅葉の樹林

かれたスラブ状の玄武岩の岩盤が連なる。激しい土石流や砂礫の通過によってできたもので、太古の自然の鳴動が直に伝わってくるようだ。

太郎坊への下山道はすぐに左岸の樹林の中へと導かれる。カラマツのほかにモミやコメツガ、トウヒなどの針葉樹にブナやカエデ、ミズナラの混じる天然林のゆったりとした歩道で、新緑も紅葉もあるいは初冬も、季節ごとに魅力満載の道である。富士の国有林は山麓の西から東へ広大な山裾を占める1万4000ヘクタールの樹海で、天然林とスギ、ヒノキの植林だ。5合目から山頂まで赤茶けたスコリアの斜面を往復するいわゆる富士登山とはまた異なる趣きの山歩きを楽しめる。幕岩から50分ほど、そんな森林浴をたっぷりと味わうと樹林から再び砂礫の斜面に飛び出し、太郎坊の駐車場に戻る。

（児平）

Pick Up! 富士の雪代

太郎坊から宝永山にかけた富士山東斜面は、わが国登山史上最悪とされる遭難が起きた悲劇の現場でもある。昭和47年3月、雪上訓練を兼ねて入山した幾つかの社会人パーティーを台風並みの低気圧が襲い、24人もの命を奪った。

死因は低体温症による疲労凍死と雪崩の犠牲だった。後年の研究でこの雪崩はスラッシュ雪崩、古くは「雪代」と呼ばれた富士山特有の氷雪現象であることが明らかにされた。

スコリアの表土は冬季、凍結して山腹を氷の鎧で覆う。春、雪解け水は氷の地盤に阻まれて積雪中に滞留し、やがて支えきれずに流下する。下流では表土を巻き込んで土石流となる。これが雪代だ。

「雪代水」の語は1545（天文14）年、富士吉田の寺に伝わる古文書に初出するという。記録によれば雪代現象は過去に数十回数えられ、村落を埋め尽くす大災害も起きている。秀麗な富士が牙をむいた瞬間である。

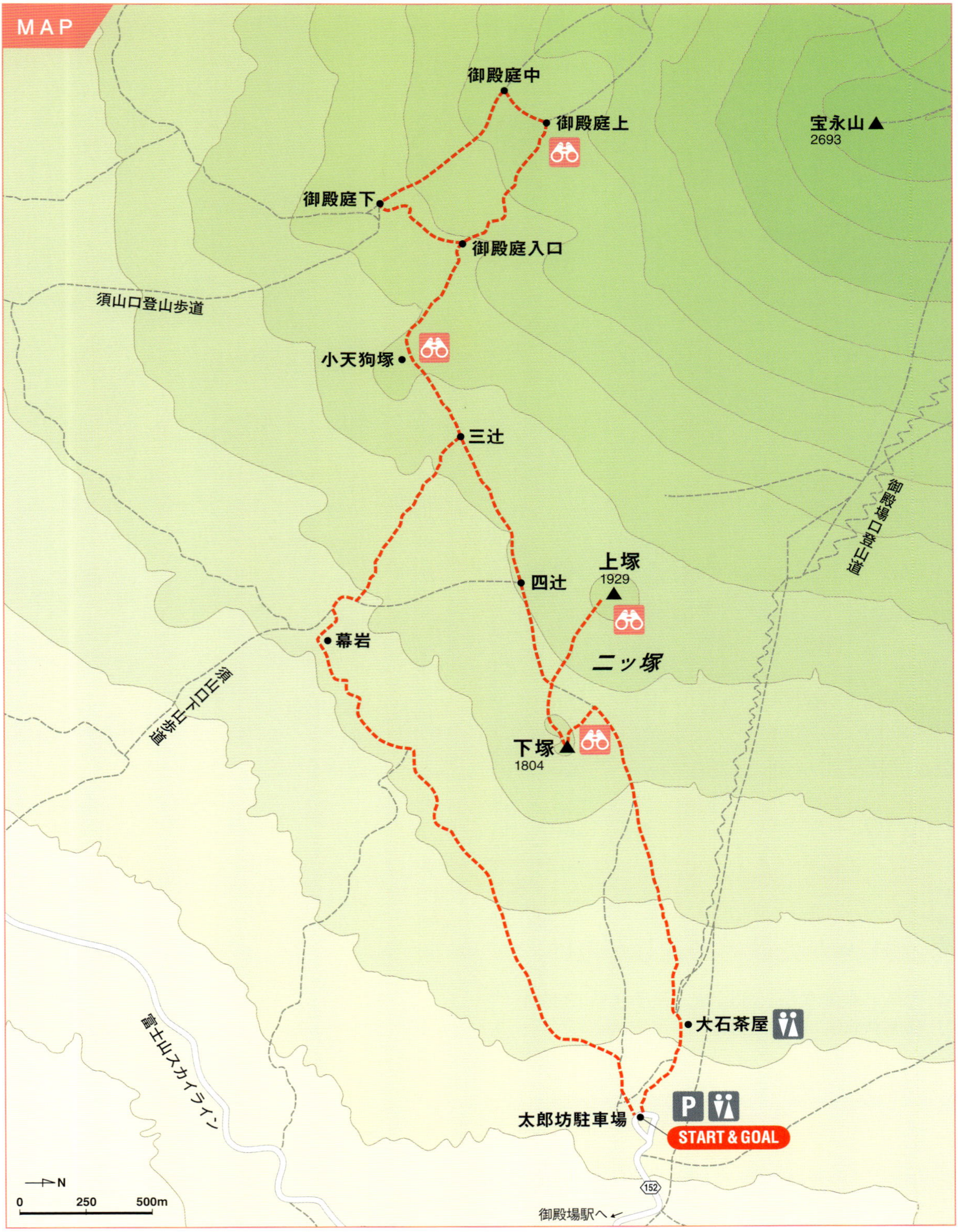

P 駐車スペース
トイレ
ビューポイント

コースタイム

太郎坊駐車場 ◀ 約50分 ◀ 下二ツ塚分岐 ◀ 約50分（二ツ塚周遊） ◀ 二ツ塚分岐 ◀ 約40分 ◀ 御殿庭入口 ◀ 約40分 ◀ 御殿庭上 ◀ 約30分 ◀ 御殿庭下 ◀ 約30分 ◀ 三辻 ◀ 約20分 ◀ 幕岩 ◀ 約50分 ◀ 太郎坊駐車場

*007

長者ケ岳／天子ケ岳

ちょうじゃがたけ／てんしがたけ 地図「人穴」「上井出」

標高　長者ケ岳1335.7m／天子ケ岳1330m

標準タイム　4時間30分

Access

新東名新富士ICから西富士道路、国道139号（富士宮道路）と県道414号で約30分

烏帽子のような山容が印象的な天子ケ岳

東名、新東名が愛鷹山塊を回り込んで富士、富士宮市街地に達すると、遠く北の空に浮かぶ三角形の特徴的な山体が目に入る。まさにトンガリ帽子で、可愛いともあるいは異様とも形容できる印象的な山である。これが天子ケ岳でこの地では富士山は別格としても朝に晩に市民はその姿を眺め、親しんできた。江戸期までは芝瀬《しばせ》山と呼ばれていたといい、その雅な名にふさわしく万葉集には「師歯《しは》追《せ》山」とうたわれている。

そうと聞けば山容を言うに「トンガリ帽子」はいささか稚拙で恥ずかしい。ここは烏帽子というべきか。その天子ケ岳から北に延びる山並みは天守山地、あるいは天子山地と呼ばれる。富士川をはさんで西岸の身延山地と相対するように東岸に連なる小山脈で、静岡・山梨県境に沿って南北に20km余続く。最高峰は1964mの毛無山である。この稜線は富士山との間にさえぎるものはなく、樹林に邪魔されない限り縦走路の見晴らしは霊峰の展望台として実に申

1 休暇村分岐の休憩地から見下ろす田貫湖。奥は越前岳（左）から連なる愛鷹山塊
2 田貫湖キャンプ場の駐車場 3 山麓を飛び立って尾根を滑空するパラグライダー
4 富士宮市街から北の空に特徴的な山容を見せる天子ケ岳（正面）、その右が長者ケ岳

し分ない。

富士山西麓の朝霧高原は清涼な気候とその広大さでレジャースポーツが盛んである。それらの観光拠点を基地に、稜線から派生した尾根を登る幾つかのコースが整備されていて、季節によって日帰り登山を楽しめる。天子ケ岳には田貫湖《たぬきこ》を起点に、長者ヶ岳から東に延びる尾根を登る。尾根の東端の登山口と田貫湖西岸の「休暇村富士」の裏手から取り付く登山口、さらに田貫湖キャンプ場からと、尾根には3つの登山口がある。いずれをとっても所要時間にさしたる違いはない。

湖の北岸にあるキャンプ場サイトには管理事務所やレストランがあり、周辺レジャーの拠点。駐車場のゆとりやトイレの整備、あるいは飲食の利便といった点でファミリーや女性には利用しやすい登山口である。まずはここから登ってみる。田貫湖までは新東名の新富士ICから国道139号を北上し、県道に降りてから白糸の滝を経由して約20km、30分ほどの道のりである。

5「休暇村富士」の裏手の登山口
6休暇村分岐の休憩地
7植林の間を縫うように行く東海自然歩道の尾根道

コアジサイ咲く
東海自然歩道の尾根を行く

駐車場の奥、トイレの脇の階段を上り、斜面に建つバンガローの間を抜けてヒノキの植林に入っていく。下草も生えていない暗い道で、お世辞にも楽しいとはいえないが、15分もしないで尾根の登山道に合流する。尾根は「東海自然歩道」として整備され、道標も過剰なほど丁寧に設置してあって初心者にも不安はない。登山道の右手はブナやコナラの自然林、反対側はヒノキの植林で、新緑のころはその左右の対比が美しい。丸木の階段の登りは単調だが、ツツジや桜の開花時には、そんな退屈も吹っ飛んでしまう。

尾根に合流してから1時間余りでベンチのある休憩ポイントに着く。3つある登山口の1つ、休暇村ルートとの分岐点である。八王子から大阪・箕面までの長距離自然歩道が制定された昭和50年代、国民の健康志向と相まって自然歩道探索がブームとなった。高原と湖沼、そして比類ない山岳景観が楽しめる長者ケ岳の登山コースは中でも人気を呼んだ。当時は尾根の植林もまだ幼木で、振り返れば富士山は常にその雄姿を惜しげもなくさらけ出してくれていた。

尾根から富士山が眺めにくくなった今、休暇村分岐は数少ないビューポイントの1つだ。眼下に田貫湖、左手に東の空を圧するように富士の巨体が威風堂々、四囲を睥睨《へいげい》している。とりあえず富士山のこんな姿を目にすれば、登山者のきょうの一日はまず合点のゆくものなのである。気分を新たに再び登山道を行く。この辺りの陽当たりのよい林縁、林床には早春、カタクリやキクザキイチゲ、スミレなどの可憐な植物が花をつけ、季節の訪れを告げてくれる。

登山道はヒノキの植林地や落葉樹林を抜け、緩やかにピークを越えていく。少し傾斜がきつくなる辺りの両側にコアジサイの群生がある。初夏、ひっそりと林間に咲くこの花には似つかわしくないにぎやかさで、訪れた者を迎えてくれる。ここを過ぎると間もなく、この尾根3つ目の木製ベンチが現れる。標高1200m辺りか。再び緩やかな登りとなり、尾根が痩せてくると木の間に長者ケ岳の山頂が見え隠れするようになる。最後に

まさに雲をつく富士の雄姿＝長者ケ岳山頂から

ひと踏ん張り、丸木の階段を登れば頂上だ。

長者ケ岳山頂から真正面に望む大沢崩れ

ゆったりした山頂にはベンチやテーブルがあって、富士を眺めながらの一休みは楽しい。後方は南アルプスの山並みだ。富士山とは直線距離で18kmほど。剣ヶ峰の直下からパックリと裂けた大沢崩れの崩壊が真正面から望め、美しいだけではない富士山の現実に思い知らされる。遠くからの富士を見慣れた人にも、ここからの景観には新鮮な驚きと衝撃を受けるに違いない。

平成26年夏、世界遺産登録2年目を迎えた富士山は不順な天候のせいもあって思ったほどのにぎわいをみせなかった。そして秋には同じ霊山である御嶽山の、予想だにしない噴火災害を伝え聞く。適正規模の登山客を維持しつつ、訪れたそれらの人々に安全かつ快適な「天空の一日」を提供していくには何をすべきなのか、大きな課題を突きつけられて富士山はひとり思い悩んでいる。

天子ケ岳へは平坦な縦走路を南

8 富士山を目当ての登山者でにぎわう長者ケ岳 9 うっかり通り過ぎてしまいそうなほど地味な天子ケ岳山頂

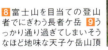

にとる。道の両側はバイケイソウの群落だが、この年は枯れ落ちた葉が多い。シカの食害だろうか。一旦下った最低鞍部《あんぶ》が天子湖への分岐で、東海自然歩道とはここでお別れ。分岐を見送ってさらに急坂を登ること20分で天子ケ岳に着く。ブナの林に囲まれた山頂は遠望する「烏帽子」の印象とはほど遠い、平坦で静かな森の広場である。小さな祠があり、シロヤシオの古木がそれを見守っている。

樹下に「瓔珞《ようらく》つつじ伝説」の看板がある。瓔珞とは貴婦人の装身具をいうとか。山名の天子といい瓔珞といい、この地にはやんごとなき伝説が多い。林の中を東に30mも行くと展望が開け、こちらも富士の眺めが雄大だ。景色を楽しんだら往路を戻る。そのままキャンプ場に戻るもよし、休暇村口か尾根の東端口に下り立って、湖岸の遊歩道を散策しながらキャンプ場に戻るのもまたいい。（児平）

11尾根東端の登山口 12休日は行楽客でにぎわう田貫湖＝北岸のキャンプ場遊歩道

山頂を彩る盛りのヤマボウシ

Pick Up! 田貫湖

富士山麓には湖沼が多い。代表は富士五湖だが、三つ加えて富士八湖ともいう。さらに十湖とする場合もあるようだ。田貫湖はその富士十湖の一つらしい。もとの名を狸沼《たぬきぬま》、民話の世界では長者ヶ池ともいう。一面にアシの茂る沼地であった。

周辺の村々には貴重な農業用水池であり、水の分配を巡る争い事が絶えなかった。貯水機能の強化のため昭和初期には築堤工事が施され、その後も度々改修が行われて現在の姿になった。

自転車で周遊する湖畔は一周4㎞。ボート遊びやホタル狩り、ヘラブナ釣りも有名だ。山頂に朝日が輝くダイヤモンド富士の時期にはカメラマンが湖畔を埋める。湖岸の歩道脇に、度重なる改修事業の完成を記念する石碑がひっそりと建つが、今や気づく人とていない。

1年に2度、春と夏に姿を見せるダイヤモンド富士＝田貫湖西岸

新緑深まるブナ林を通り抜ける

MAP

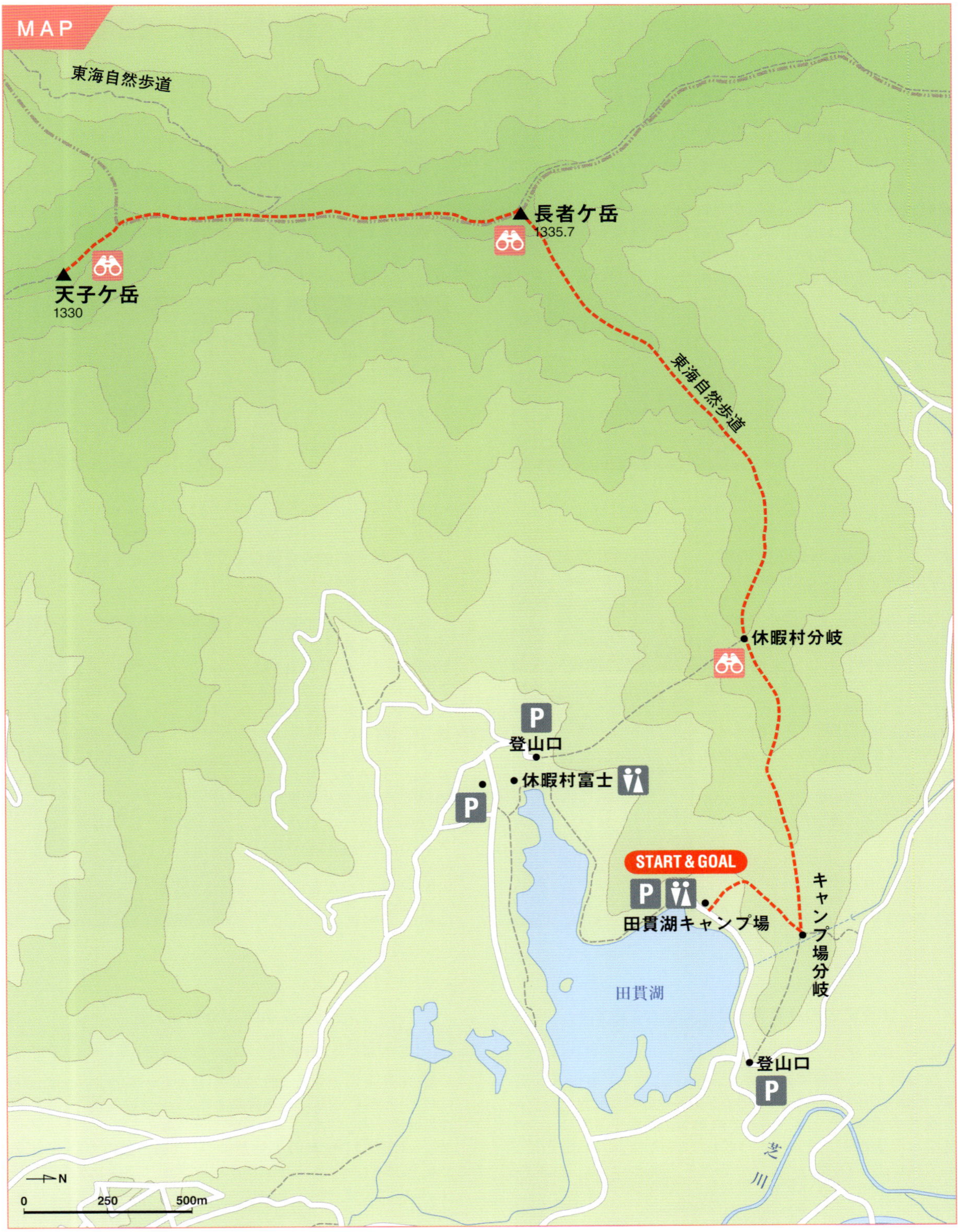

P 駐車スペース

トイレ

ビューポイント

コースタイム

田貫湖キャンプ場 ◀ 約40分 ◀ 休暇村分岐 ◀ 約1時間10分 ◀ 長者ケ岳 ◀ 約40分 ◀ 天子ケ岳 ◀ 約40分 ◀ 長者ケ岳 ◀ 約1時間20分 ◀ 田貫湖キャンプ場

休憩スポット

大パノラマを眺めながら話題のイズ鹿料理を

だるま山高原レストハウス

金冠山登山口の麓に建つ、伊豆市営の休憩所。レストハウスでは眼前に富士山を望む大パノラマが広がり、話題のイズ鹿料理が食べられる。一押しの「鹿肉ビビンバ丼」800円は、鹿肉のしぐれ煮を使用した高タンパクで低カロリーの丼ぶり。「鹿肉味噌おにぎり」500円もおすすめだ。

☎0558-72-0595
住伊豆市大沢1018-1
営10:00～17:00
（4～9月）
10:00～16:30
（10～3月）
休火曜（シーズン期を除く）
P50台

グルメ

伊豆特産黒米や伊豆牛を使ったカフェメニュー

hono hono cafe《ホノ ホノ カフェ》

2022年3月で15年目を迎えたカフェ。地産地消にこだわったメニューが観光客や地元の人たちにも喜ばれている。中でも人気は「伊豆牛ハヤシライス（ミニサラダ付き）」1045円と伊豆特産の黒米を使ったもちもち食感で甘みのある「黒米のシフォンケーキ」450円。登山後は伊豆の梅を使った「梅スカッシュ」450円で疲れを癒やしたい。

☎0558-72-2500
住伊豆市修善寺882-9
営11:00～16:00
休火・水曜（臨時休業あり）
P4台

観光

樹齢800年の子宝の杉

日枝神社《ひえじんじゃ》

平安初期に弘法大師が開創したと言われる修禅寺の鬼門に当たる神社。日枝神社も弘法大師によって建立され、明治元年の神仏分離令によって分離されたが、元は修禅寺の山王社（鎮守）であったという。境内には樹齢800年の夫婦杉の大木がある。「子宝の杉」とも言われ、根元が一つになっていてその間を通ると子宝に恵まれるとのいわれが残る。

☎0558-72-2501
（伊豆市観光協会修善寺支部）
住伊豆市修善寺　Pなし

グルメ

伊豆の山々を望むテラス席で蕎麦を食す

やまびこ

厳選したそば粉を使用した手打ちの蕎麦と自然薯（季節限定）、旬の野菜・山菜メニューがいろいろ。野菜はほとんどが自家製有機野菜。お通しに出てくる生野菜はみずみずしく、自家製唐辛子味噌をつけていただく。また、名物の「山芋と野菜のかき揚げ」は、ふんわりサックとしていて、大きめだがペロリといける。

☎0558-72-7575
住伊豆市修善寺3726-1
営11:00～17:00頃
休金曜　P30台

温泉

伊豆最古の温泉場で登山の疲れを癒す

筥湯《はこゆ》

鎌倉幕府二代将軍源頼家が入浴していたという伝説の温泉。檜造りの内風呂のみというシンプルな日帰り温泉だが、伊豆最古の温泉場として知られる修善寺。隣接する展望台・仰望楼は入場無料。温泉でポカポカになった後は、高さ12mの仰望楼に上って、気持ちのよい風に吹かれて。

☎0558-72-2501
（伊豆市観光協会修善寺支部）
住伊豆市修善寺924-1
営12:00～21:00
（受付～20:30）
料大人350円、
小学生未満無料
休無休　Pなし

お土産

オリジナル柄の和布が女性に人気

和布 椥屋《わふ なぎや》

修善寺温泉街を通る竹林の小径から一本南に入った通りに佇む一軒家。2014年5月にオープンした小物店で、猫や鹿など可愛いらしいオリジナルプリントのポーチやバッグ、アクセサリーなど約10種類の小物が並ぶ。京都や東京で約30年染色の勉強をしたご主人がデザインした和布に奥さまが縫製を行う。12月から店舗隣でコーヒーや軽食なども楽しめる。

☎0558-88-9206
住伊豆市
修善寺3451-27
営10:00～17:00
休不定休　Pなし

[伊豆周辺エリア]

グルメ

天城の自然に囲まれてピザを頬張る

Farmers Hill ファーマーズ ヒル

伊豆では老舗の域に入る1994年創業。手作りの石窯でピザ焼き体験(2000円)が人気。あらかじめ発酵済みのピザ生地に、地元の新鮮な食材をトッピングすれば、ほどなくピザが焼きあがります。参加は手ぶらでもOK。他にもダッチオーブン料理を楽しむことができる。

☎0558-85-2104
住伊豆市湯ヶ島892-66
営11:00〜
休月・火・水曜(祝祭日を除く)
P15台

お土産

手に温かい木の器やカトラリー

kina キナ

伊豆の間伐材、除伐木を使って作るのは、スプーンや小皿、パスタプレート、どんぶりなど。色や木目、香り、硬さ、素材とする木の違いを楽しみながら製作している。18cmスプーンは1950円〜、お椀は3700円〜。不定休ゆえ、事前に電話を入れるのがベター。また、機械で作業中は電話が聞こえないこともあるのでご了承のこと。詳しくはHPから問い合わせを。

☎090-8174-5637
住伊豆市城22
営10:00〜16:30
休不定休　P3台

グルメ

足湯で疲れを取りながらおいしいパンを

Bakery & Table 東府や

奈良時代より子宝の霊場として知られる吉奈温泉を堪能できる和のリゾート「東府や」に併設されたベーカリー。北海道産の小麦粉とライ麦をベースに、厳選食材で作るパン40種類が常時並ぶ。テラスにある足湯で癒されながら購入したパンを食べれば、山歩きの疲れも一気に消えそう。店内には地元の素材を使ったケーキやクッキーも販売している。

☎0558-85-1000
住伊豆市吉奈98
営10:00〜17:00
※日曜、祝日9:30〜
休第2・4木曜
P50台

お土産

工場直売店ならではの焼きたてラスクパン

東京ラスク 伊豆ファクトリー

東京ラスク伊豆店は、製造工場に併設されているラスク専門店。パン作り体験(要予約)やコロコロラスク体験教室(予約不要)も開催している(土・日曜限定)。工場直売店ならではの焼きたてのラスクパンが人気商品(火曜を除く)。ラスク試食コーナーや無料カフェも用意されているので、気軽に立ち寄ろう。

☎0558-85-0232
住伊豆市市山550
営平日10:00〜17:00(季節によって変動あり)
休年中無休　P60台

休憩スポット

絶景が広がる山の上の牧草地

牧場の家 まきばのいえ

標高750m、駿河湾を一望できる西天城高原にあるロッジ風の施設。レストランの自慢は、牛乳たっぷりのソフトクリーム。濃厚だけどさっぱりとした味わいで、ペロリと頂ける。また、蕎麦、ラーメン、カレーなどの軽食もある。またコテージがあり宿泊も可能。標高が高いため夏はリゾート気分いっぱい。

☎0558-55-0787
住西伊豆町宇久須3609
営9:00〜16:00
休水曜(7〜8月は不定休)
P50台

グルメ

旬の地魚をオシャレなカフェで

漁師カフェ 堂ヶ島食堂

堂ヶ島の遊覧船乗り場前にあり、2階の窓から奇勝を眺めるロケーション。「俺の!! ぶっかけ海鮮丼」は、その日に獲れた魚のブツ切、メカブ、卵を混ぜたものがご飯にのっかる漁師丼。ネバネバ好きにはたまらない。生桜エビと生シラスがのっかった「駿河丼」や「地魚の刺身定食」なども人気メニュー。ところてん無料サービスがうれしい。

☎0558-52-0134
住西伊豆町仁科2045-3
営11:00〜15:30
休木曜　P16台

[御殿場周辺エリア]
立ち寄りスポット

温泉

霊峰富士+温泉で、ア～! シアワセ

小山町町民いこいの家 あしがら温泉

東名御殿場ICから車で約15分。大きな富士山を眺めながら露天風呂に浸かる、そんな贅沢なロケーションが人気の日帰り温泉。アルカリ性単純温泉のやさしいお湯は疲労回復、筋肉痛に効果アリなので、まさに登山後にぴったり。休憩室には地元の蕎麦屋が入っていて、つなぎに大和芋を使用した自家製麺の十割蕎麦が堪能できる。

☎0550-76-7000
住小山町竹之下456-1
営10:00～21:00
(最終受付20:00)
料高校生以上600円、
3歳～中学生300円
(以降1時間毎大人100円、
子ども50円)
休火曜(祝日の場合翌日)
P75台

グルメ

北欧をイメージしたおしゃれなベーカリー

KuKKA クッカ

フィンランド語で「花」を意味する「KuKKA」は、オープンして3年目を迎えるベーカリー。店を代表する「北欧の田舎パン」を中心にハード系や食事パン、デニッシュなど次々と焼き上がるパンを求めて、客足が絶えない。自家製酵母を使った素朴なパンとできる限り旬の地元食材を使ったフィリングを組み合わせ、常時50～60種類のパンが店内に並ぶ。

☎0550-82-3080
住御殿場市東田中1860-12
営11:00～18:00
※売り切れ次第閉店
休水・木曜 P4台

お土産

おみやげにオススメ! 国産の生ハム

渡辺ハム工房

1965年、精肉店、渡辺商品として開業。2004年に自社ブランド渡辺ハム工房を立ち上げた。工房は三代目の渡辺義基さんが仕切る。すそのポークのモモ肉を1年以上熟成させて作る「ふじやまプロシュート」は、ほどよい塩気と肉の旨みが絶妙。平成23年度ふじのくに新商品セレクションで最高金賞を受賞した逸品だ。

☎0550-82-0234
住御殿場市川島田661
営9:00～18:00 休日曜 P20台
※店舗前のショッピングセンターに駐車

グルメ

居心地の良いカフェでパスタランチを

Majolica マジョリカ

御殿場駅から徒歩1分、アクセスの良いカフェレストラン。ランチメニューは、週替わりの4種類のパスタから選ぶ「パスタプレート」と「ピザランチ」。生パスタはもっちりとした食感。トマト系、クリーム系パスタを揃えているので好みで選んで。食後には「デザートプレート」はいかが。

☎0550-83-3721
住御殿場市新橋1905-3
営11:00～15:00
(OS14:30)、
17:00～24:00
(OS22:45)
休水曜 P10台

※OS……オーダーストップ

温泉

疲れを癒やす乳白色の硫黄泉

マウントビュー箱根

箱根・仙石原のすすきの原からすぐ近く、大涌谷の地中深くから湧き出す乳白色の硫黄泉を満喫できる温泉。硫黄分や鉄分、ミネラルを豊富に含み、神経痛や冷え性、疲労回復に効果があると言われる。館内には3つの貸切露天風呂(別料金)があるほか、日帰り入浴でも立ち寄れる。写真の貸し切り露天風呂(かぐや)は60分4000円。

☎0460-84-6331
住神奈川県足柄下郡
箱根町仙石原885
料10:30～15:00の
90分間、
大人1200円、
子ども630円
休年中無休 P30台

グルメ

スイーツでお茶を堪能

テッセン(クレマチスの丘)

「花・アート・食」をコンセプトとした複合施設「クレマチスの丘」。レストラン「テッセン」の抹茶ティラミス(1,000円)は、静岡県産の抹茶を使用したこだわりのティラミス。上品なマスカルポーネの甘みと抹茶のほろ苦い風味、オレンジの香りのリキュールが重なり、大人にもおすすめ。セット(1,100円)のお茶は、富士市の「うちの茶舗」の厳選茶葉4種から選べる。

☎055-989-8778
(テッセン)
住長泉町東野
クレマチスの丘347-1
営11:00～22:00
休水曜 P100台

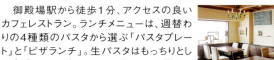

[富士宮周辺エリア]

お土産

生産者から直接仕入れた新鮮な商品がいっぱい

JA富士宮 う宮～な

2008年にオープンしたファーマーズマーケット「う宮～な」は、安心・安全な食にこだわった新しい形の農畜産物直売所がコンセプト。農産物や富士宮産のコシヒカリ「う宮米」のほか、牛乳などの乳製品、地酒、駿河湾の鮮魚、萬幻豚や朝霧ヨーグル豚などの畜産物も豊富に扱っている。地元客だけでなく、キャンパーや観光客なども訪れ、駐車場も満杯になるほどの人気スポット。

☎0544-59-2022
住 富士宮市外神123
営 8:30～16:00
休 火曜日(祝日除く)、年末年始
P 400台

お土産

参拝後に紅白の縁起餅を

ぷくいち

昭和8年創業の北川製餡所がお宮横丁内に平成16年にオープンしたアンテナショップ。紅白の「御くじ餅」800円には参拝後の運だめしにおみくじが入っている。赤穂産の極上白玉粉に富士山の湧水で仕上げた餅は柔らかく、北海道産特選大粒小豆を使ったこしあんと朝霧高原のミルクが入ったミルクあんの2種類。お茶付き300円で店内でも食べられる。

☎0544-25-2061
住 富士宮市宮町4-23(お宮横丁内)
営 10:00～16:00
休 無休
P 「せせらぎ広場」を利用

グルメ

富士宮やきそば誕生前から焼きそばを出す老舗店

富士宮焼きそば専門店 すぎ本

昭和23年創業の「鉄板焼すぎ本」が営む富士宮焼きそば専門店。地元の製麺所「めんの叶屋」の麺を使用し、オリジナルメニューを考案している。静岡県ならではの「イカと桜えびの焼きそば(並)」560円は、桜えびの風味が口の中で広がる。焼きたてにこだわっているが、お持ち帰りの場合は一度急速に冷やすため、時間がたってもコシが失われない。

☎0544-24-8272
住 富士宮市宮町4-23(お宮横丁内)
営 11:00～15:00
17:00～21:00
(土日祝～20:30)
休 火曜
P 「せせらぎ広場」を利用

温泉

田貫湖と富士山の贅沢なロケーション

富士山恵みの湯

田貫湖のほとりに立ち、温泉大浴場の大きな窓からは、晴れて空気が澄んでいれば雄大な富士の姿が眺められ、気持のよいことこのうえない。休暇村富士の温泉で、11時から14時まで日帰り温泉として利用できる。休暇村富士に宿泊すれば入浴時間は15時～24時、5時30分～9時までとなる。アルカリ性のお湯は肌に優しくツルスベに。

☎0544-54-5200
住 富士宮市佐折634
営 11:00～14:00(最終入場13:30)
料 大人800円、4歳～小学生400円
休 火曜　P 80台

観光

富士登山前に参拝者が訪れる浅間神社

富士山本宮浅間大社

全国1300以上ある浅間神社の総本宮と称えられ、富士山を御神体として崇める。富士山山頂には奥宮があり、8合目以上は奥宮の境内とされている。「木花之佐久夜毘売《このはなさくやひめ》命」を御祭神とし、家庭円満・安産祈願・火難消除のほか、富士登山の安全を願って多くの参拝客が訪れる。境内には特別天然記念物の湧玉池のほか、約500本もの桜も見もの。

☎0544-27-2002
住 富士宮市宮町1-1
開 11月～2月／6:00～19:00
3月・10月／5:30～19:30
4月～9月／ 5:00～20:00
祈祷受付／8:30～16:30
(神楽～16:00)
P 150台(有料)

※開……開門時間

*008

高ドッキョウ（コウヤマキ）

たかどっきょう | 地図「篠井山」「和田島」

Access

新東名新清水ICから国道52号を行き、但沼交差点から県道75号、県道196号で興津川沿いに25分

標高　1133m

標準タイム　約5時間

とがった山容を表す高ドッキョウ

静岡市清水区の山間を流れる興津川の支流には多くの滝がある。糸魚川ー静岡構造線が走っているため、断層となって滝を作っているのだ。滝の豊富な飛沫が霧となり、興津川本流の川霧が加わって両河内地区の良質なお茶が出来上がる。高ドッキョウは興津川本流と支流の中河内川に挟まれた山域にあるが、地形図に表記はなく通称名である。「ドッキョウ」はとがった山容を表す地元の呼び名といわれる。

新東名新清水ＩＣから国道52号を南下し、但沼から県道75号に入る。興津川沿いに行き、清地から県道１９６号を北上、大平集落を抜けて茶畑の中の興津川右岸の林道を登っていくと、大平少年の家の先のキャンプ場跡に5～6台の駐車スペースがある。キャンプ場跡から舗装道の急坂を登っていくと、興津川に沿っていた林道が左に大きくカーブする、地形図の３６６ｍ地点辺りで小さい木片に「コウヤマキ入口」と書かれた道標がある。

1大平キャンプ場跡地の駐車スペース 2コウヤマキ入口にある「軍艦岩」の説明板 3キャンプ場跡近くに広がる茶畑

カーブの先には軍艦岩の大岩の説明板が建ち、この付近にも2～3台駐車ができる。清水市と静岡市の合併以前には地元の「和田島青少年自然の家」の人たちが道標、登山道整備を行っていたが、合併後は手入れがされず、入口が少々分かりにくい。興津川の流れを飛び石で渡る。渡って舗装道の急坂を登ると茶畑が広がる。茶畑の中にモウソウタケが生え、放置された茶畑が目につく。西側の作業道を登ったところがコウヤマキへの登山口で赤布、ピンクテープが付けられている。

弘法大師の伝説残る コウヤマキ・巨樹信仰

まだらに生えたスズタケの中を登っていくとスギの植林地になり、赤、ピンクのテープが付けられた明瞭な登山道となる。作業道の分岐には白いプラスチック製の「和田島青少年自然の家」と書かれた道標がある。スギの植林地から小さい沢沿いに入ると、岩の間からにじみ出ている水場がある。茶碗が置いてあり、かつて大平地区のコウヤマキ巨樹信仰で多くの人たちの参拝があったといわれる名

コウヤマキの巨木

4コウヤマキの南側に安置されている弘法大師像
5コウヤマキの近くに建つ避雷針
6県境尾根に咲くミツバツツジ

ヤマシャクヤク

タチツボスミレ

残である。暗い植林地から徐々に高度を上げていき、荒れた沢を横断する。沢は大雨や雪の被害のために荒れている。下山には不向きで浮石に注意しながら渡ろう。

再びスギの植林地から773m地点の西側をトラバースして小さい沢を越す。沢を越すと枝打ちされたスギの高木林になり、所々に倒木が見られる。小さい尾根の西側を登っていくとスダジイ、アセビの照葉樹林が現れる。落葉の道は滑りやすく、周りの木々をつかみながら登っていくとトラロープが張られ、回り込むように登ると「コウヤマキ」の巨木に着く。

昔、弘法大師が甲斐の国から駿河の国に来る途中、休憩して寝過ごし、慌てて山を下ったために地面に刺したまま残った杖がコウヤマキになったと言われる。コウヤマキは雄雌同種とされるが、ここのコウヤマキは雄で大変珍しい木である。巨木の南側には弘法大師像が安置され、東側には巨木より高い避雷針が建っている。コウヤマキの上部は落雷で樹皮が半分はがれてしまっているが、根元はしっかりしている。急峻な岩場の尾根上にあることから伐採を逃れた貴重な木で、思わず手を合わせたくなる。大切に残したい巨木である。

静岡・山梨両県を結んだ茶の道が通る徳間峠

コウヤマキから山梨県境の尾根までは標高差約150mの急な狭い尾根道なので、両側の木々をつかみながら登る。徳間峠と高ドッキョウ間の県境稜線上の913m峰に出ると、道は両側のスズタケが刈り払われて一変し、歩きやすくなる。ブナの高木、ヒメシャラの中木、アセビ、ツツジの低木、林床はスズタケの自然林になる。春には岩場にヒカゲツツジ、足元に数種のスミレが見られ、5月上旬には白色のヤマイワカガミが群生し、ピンクのミツバツツジが見ごろを迎える。秋にはブナの黄葉とカエデ類の紅葉で色鮮やかな県境稜線だ。緩やかに登っていくと高ドッキョウの山頂に着く。

山頂からは均整のとれた富士山が眺められる。山梨県南部町側の木々が切り開かれ、北東方向の展望が良い。展望を楽しんだらコウヤマキ分岐まで戻って徳間峠へ下る。岩場にはロープが張られ、よく整備された登山道である。徳間峠には2本のスギの大木の根元に石仏が祭られている。昔、南部町徳間と清水区大平を結ぶ生活道があったことを示している。

高ドッキョウは山梨百名山に選定され、徳間地区から徳間峠の間の登山道はよく整備されている。地形的には山梨側が緩やかな山域で、静岡側が急峻である。沢に沿った登山道は荒れやすく、常時整備が必要である。徳間峠から興津川へ下る。スズタケの茂った道

県境稜線の紅葉

高ドッキョウの山頂

から沢沿いの道になり、戦後の植林地はいささか荒れ果てている。大きな砂岩の岩がゴロゴロしたところを下り、興津川にかかる吊り橋を渡ってスギ林の平坦地を抜けると、東海自然歩道の車道に出てキャンプ場跡の駐車場に戻る。

（廣澤）

7 徳間峠の安全地蔵尊 8 徳間峠から東海自然歩道への道標

Pick Up!

コウヤマキ（高野槙・本槙）

高野山（和歌山県）に自生していることからこの名で呼ばれ、群生することは少ない。高野山では古くから植林に取り組んでいる。コウヤマキは湿気に強く、近畿地方の古墳から出土する木棺にはコウヤマキを使ったものがほとんどだといわれる。

日本固有の針葉樹だが産出量は少なく、主用途は棺材、風呂桶、手桶など。大平のコウヤマキは日本の東限分布として貴重な存在で、昭和60年県指定天然記念物になっている。根回り8.75m、目通り5.5m、樹高17mの巨樹で、昭和30年代には樹高30m以上あった。落雷で先端部が10mほど折れてしまったため、東側に避雷針が建てられた。

P 駐車スペース
トイレ
ビューポイント

コースタイム

大平
約1時間30分
コウヤマキ
約1時間
高ドッキョウ
約1時間
徳間峠
約50分
東海自然歩道
約30分
大平

*009
満観峰／花沢山
まんかんほう／はなざわやま　地図「静岡西部」

▲標高　満観峰470m／花沢山449.5m
◷標準タイム　約3時間30分

Access
東名静岡ICから国道150号を10分、石部トンネル手前の小坂交差点を右折、一旦停止を左折し5分

家康公ゆかりの古刹 安養禅寺がある小坂地区

静岡市の南西部にある焼津市、藤枝市と境を接する丘陵地帯は標高は低いものの海岸隆起の複雑な地形が特色で、地盤がもろいことでも知られる。このため東海道線や新幹線、東名高速、国道150号線などのトンネル工事の際は大量の出水で難工事だったといわれる。静岡市小坂を起点にこの丘陵の一角である満観峰に登り、日本坂峠から花沢山を往復して再び小坂に戻る。富士山と駿河湾の大展望を楽しむ日帰りハイクである。

東名静岡ICから150号線経由で石部トンネル手前の交差点を右折、小坂川に沿って小坂の集落に入る。川を渡った集落の東側に曹洞宗の古刹、安養禅寺がある。山門の左手に家康公のお手植えの若木のミカンの木があり、消えかけた説明文がある。また、山門東側の日枝神社には大クスがあり、見応えがある。

小坂は奈良から平安時代の旧東海道沿いに開けた地域で、雰囲気のよい集落である。小坂川に沿って緩く曲がった車道を行くと、御

1 安養禅寺にある家康公お手植えのミカンの木
2 小坂川上流にあるトイレと5、6台駐車できる駐車スペース
3 雲龍山不動尊と山側にある翡翠の滝

御坂堂から林道上部に咲くオニユリ（左）とヤマユリ

4 登山道から見える茶畑とヤマザクラ

坂堂と呼ばれるポケットパークのようなトイレと駐車スペースがある。満車の場合は、北側にも駐車できる。近くには古い石仏があり、茶店なども開いていて週末は歴史に詳しい地元の人たちが説明してくれる。

分岐を北に行くと大ケヤキが川沿いにあり、広場の左手には雲龍山不動尊を祭ったお堂がある。山側には高さ約30ｍの翡翠の滝があって、車道反対側の石段の上に観音堂が建っている。駿河湾の近くにこのような滝がある不思議から、自然崇拝が信仰につながるのは当然かもしれない。

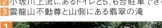

急斜面のミカン畑の中の舗装道を登っていく。手製の道標があり、右上の林道を登って、満観峰東回りの登山道を過ぎ、さらに進むと林道終点に着く。階段を上り、茶畑の中の登山道に入る。擬木製の道標を見て、茶畑の道からモノレールをまたぎ、スギ林の中のジグザグ道を登る。再び放置された茶畑の脇を登ると小布川峠だ。振り返ると下方に東名日本坂トンネルの巨大な排気施設が見える。峠からはよく整備された茶畑の中を北へ登る。滑りやすい所には石が敷かれており、芝生の広がる満観峰の山頂に着く。

伊豆半島から南アルプスまでを見渡せる山頂

静岡市は平成4年、山頂に展望園地としてベンチやテーブル、方位盤、東屋を整備した。当時は東側の茶畑は生産されていたが、今は放置され、イノシシの住処に変わった。山頂からは駿河湾と伊豆半島の達磨山から天城連山、雲見崎から波勝崎が見え、北東方面には竜爪山から由比の浜石岳、さらにその先に富士山が見える。富士山までの直線距離は約40㎞。ほど

満観峰山頂からの富士山と静岡市街地の眺め

良い眺望である。

山頂にはカシとスギの小さな鎮守の森があって祠がある。北側の広場に立てば南アルプス南部の山々が見え、特に冠雪した時の聖岳が目立つ。満観峰は焼津市側の花沢の里から登る人が多い。山頂は静岡市が整備したが、登山道や道標の整備はどうも焼津市の方が熱心である。一休みしたら満観峰から日本坂峠へ向かおう。一旦小布川峠へ戻り、茶畑の中を下る。静岡、焼津の市境尾根で、静岡側の茶畑は西側にマキの木が並んで植えられ、西風から茶畑を守っている。焼津市側にも茶畑があって小坂集落の人たちが栽培している。杉林

5

6

5 満観峰山頂にある小さな杜 6 満観峰山頂に設置された東屋から望む富士山 7 満観峰山頂から望む焼津市街地

7

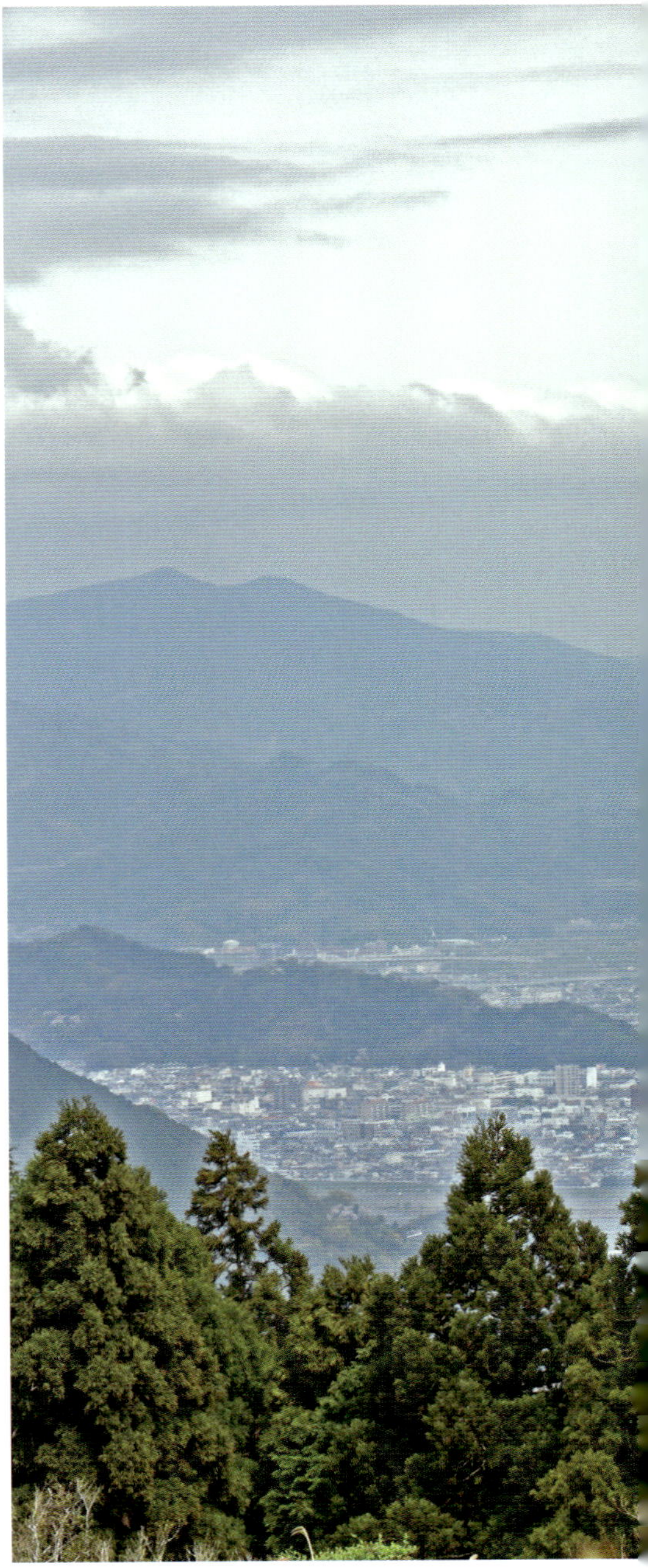

の中の標高434・1m峰を過ぎ、丸太の急坂を下っていくと焼津側に「吉野水分大神《よしのみくまりおおかみ》」と刻まれた嘉永6年の銘のある石碑がある。水分大神は水の神であり、江戸時代後期の世の中が乱れてきた時代のものである。

整備された道で、焼津側のスギ・ヒノキの大木は台風などの西風の暴風雨によって倒木になりやすい。静岡側は所々で伐採され、進行方向の花沢山北斜面の放置された茶畑がよく見える。送電鉄塔の脇を通り、日本坂峠に出る手前に「穴地蔵」と呼ばれる交通安全地蔵尊が大きな石造りの堂の中に安置されている。この穴地蔵に日本武尊が焼津から難をのがれて逃げ込んだという伝説が残っている。1mくらいの地蔵仏と3体の小仏と丸石が奉納されている。

花沢・小坂集落の生活道だった日本坂峠

穴地蔵から少し下ると日本坂峠に着く。昭和30年頃までは西側の花沢地区からマユ玉が運ばれたり、花沢と小坂の人々が行き交った生活道であった。今も花沢側の登山道はよく整備されている。峠

日本坂峠に咲くヤマザクラ

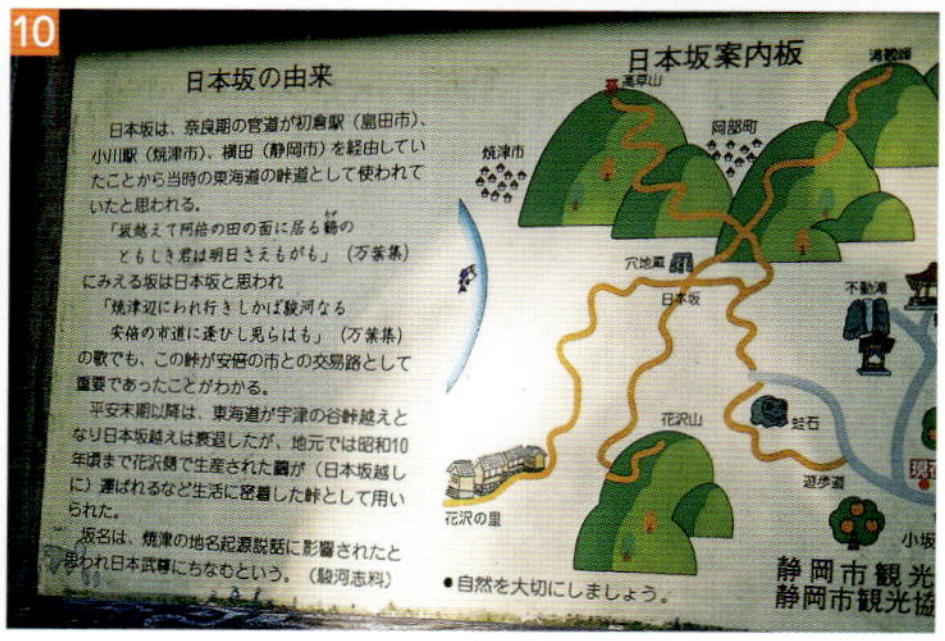

8 日本坂峠北側にある安全地蔵尊　9 花沢山山頂の設置されたベンチ　10 日本坂の由来が書かれた御坂堂の案内板

からはほぼ東へ登っていく。シイ・カシの大木の尾根は細く急峻になり、小坂側の放置茶畑の急坂を登ると北方の眺望が開ける。

東名高速の真上あたりから南の展望が開ける場所に出ると、焼津市街から御前崎の方面がよく見える。日本坂峠から花沢山へは距離は短いが地形は複雑で、花沢山の南東面は大崩海岸があり、今も名のごとく崩れ続けている。年に約3～5㎜滑り動いているという。

急坂を登り、小広い山頂に出るとJRの無線反射板が2基建っており、芝生広場にベンチが置いてある。さらに広場から南東方向に進むと、花沢山の山名板と航空燈台の土台の礎石が4つ残されている。山名板のある山頂より反射板の方が山頂らしい。花沢山から日本坂峠に戻り、さらに小石混じりの放置茶畑の中を下って林道に出る。しばらく下れば再び御坂堂の駐車場である。

（廣澤）

登山道で見かけるマンリョウ

Pick Up!

花沢と小坂の集落

奈良時代の東海道中で足柄峠、薩埵峠、日本坂峠が三大難所と言われた。日本坂峠は日本武尊が東征の折に焼津で火難に遭い、この坂に逃れたと言われ、その後、徳川家康が鷹狩りに来て、「この坂は日本一の風景だ」と言ったという説がある。

小坂の安養禅寺にある家康公お手植えのミカンの説明文には駿府城内にもあると謙虚に述べているが、戦国時代に城内に実をつける木は御法度であったので、世の中が安定した江戸中期のものと思われる。山は富士、ミカンとお茶は小坂産とも言われ、小坂説が有力だ。東海道はその後、宇津之谷峠に移る。花沢と小坂は街道の風情を今に残す雰囲気のある集落だ。

P 駐車スペース
トイレ
ビューポイント

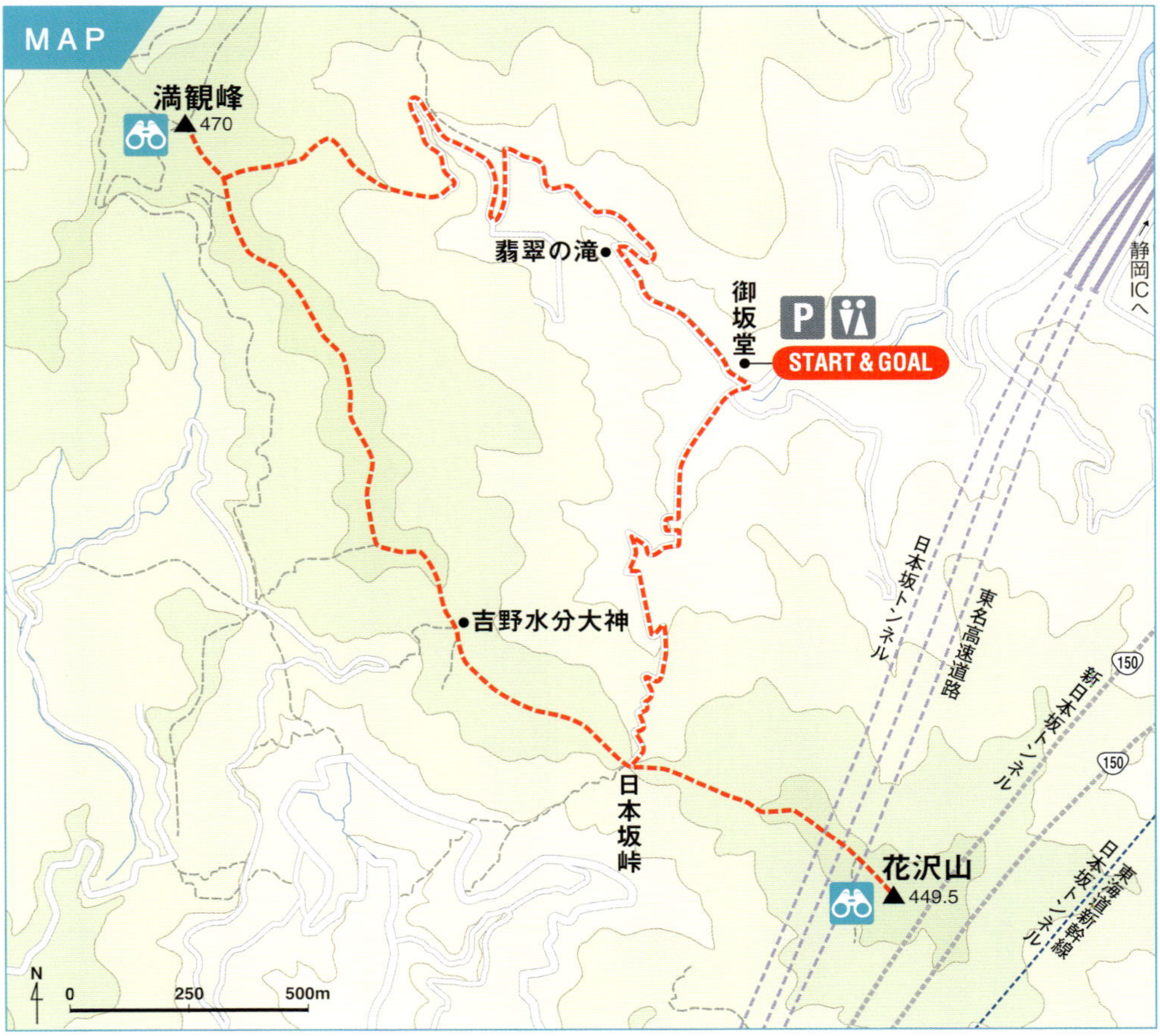

コースタイム

- 小坂駐車場
- ▼ 約30分
- 林道終点
- ▼ 約30分
- 満観峰
- ▼ 約1時間
- 日本坂峠
- ▼ 約30分
- 花沢山
- ▼ 約1時間
- 小坂駐車場

*010

竜爪山

りゅうそうざん　地図「和田島」「清水」

標高　薬師岳（やくしだけ）1051m／文殊岳（もんじゅだけ）1040.8m

標準タイム　4時間10分

Access

国道1号静清バイパス上り線瀬名IC（下り線は鳥坂IC）から県道201号、林道炭焼平山線で20分

駿府の町民から親しまれた山岳信仰の霊山

安倍川の東岸に連なる通称「安倍東山稜」は、安倍奥の峰々から南下して次第に標高を減じながら駿府の平野に落ち込んでいく。その最後の1000m峰が竜爪山で静岡市街の北の空にどっしりとした山容を惜しげもなくさらしている。薬師岳、文殊岳の2つの峰からなる双耳峰は姿もまたいい。小学校時代の遠足に始まり、日々折り折りにその姿を仰いで齢を重ねる市民にとって、これほど慣れ親しんだ里山もないのではないか。

東名清水IC、あるいは新東名新静岡ICから国1バイパス経由で鳥坂（上りは瀬名）ICまでともに15分ほど。ここから県道201号（竜爪街道）を北へ。最奥の平山集落を抜けて舗装林道をさらに進む。2つ目のヘアピン・カーブで沢沿いの左に鳥居を認めれば登山口である。バイパスICから8km、ほぼ20分だ。鳥居前の林道脇に十数台分の駐車場がある。私有地の断り書きがあり、料金箱が置かれている。

目ざす竜爪山は霊山である。早くから山岳信仰が栄え、修験道の行場として近隣の崇拝を集めた。山体の全てがご神体であり、山中の各所に宗教的名残を留める。鳥居から歩く登山道は今に残る最古の参詣道で、しばらくは長尾川の源流の沢沿いをゆく。途中から急坂の尾根筋の道となり、やがて尾根が緩やかになって平坦な「竜爪

1 駐車場向かい側の鳥居から室町道をたどる
4 杉木立の中の竜爪山穂積神社

2 登山道入口の鳥居から5分、「垢離取り場」の道標
3 歴史を感じさせる丁石の一つ

平」に出ると、そこが穂積神社の境内である。

麓の駐車場から歩き始めると間もなく「垢《こ》離《り》取《と》り場」の旧跡に出る。かつては淵だったそうだが、今は小さな砂防堤の上のささやかな流れだ。「垢離」とは水垢離の意で、身体の汚れをとり去り身を清めることをいう。といってそこまでするのは行者であって、参拝登山者は清流で手を洗い、口をそそいで気持ちを新たにした。

垢離取り場から続く尾根の一本道は、この地に修験道が花開いた室町期に開削されたと伝えられ「室町道」と呼ばれた。麓から1町ごとに36基の「丁石」が置かれ、信仰の道として善男善女を神社まで導いた。明治中期に対岸の山腹に登りやすい新道が開かれるとこの古道は廃れ、丁石の多くは山中に没した。それを惜しむ地元の有志たちの手で近年古道が復元され、最近では登りルートとしてこの新たな室町道の人気が高い。

岩尾根をうがった階段、歳月を刻んだ急登の石段、そして角のすり減った丁石……と、古道の風情を存分に味わいながら登ること1時間、右から明治の新道を合流すると道はいかにも参道らしくなり、ほどなく境内に飛び出る。戦後に再建された社務所や社殿が立ち並ぶ神社は、樹齢数百年といわれるスギの大木に覆われて神域らしい雰囲気の中にある。

文殊岳山頂から伊豆半島を望む大パノラマ

境内のベンチで一休みし、お参りして登山道に向かう。ここからは東海自然歩道の一部で、手入れのゆき届いた道だ。社殿の裏手にひときわ天を突いてそびえ立つスギの巨木がある。根分かれして2本のように見え、表示に「樹齢五百年の夫婦杉」とある。注連縄《しめなわ》がかかったその間を登山者の一団が

文殊岳上空から北へ真富士岳、十枚山など安倍東山稜（身延山地）の遠望。手前が薬師岳

歓声を上げてくぐっていった。

尾根の取り付きはしばらく緩やかだ。盛時にはこの尾根伝いの平坦地に本殿や神楽殿、射的場などが設けられて威容を誇った。だが戦後の一時期、参拝客が減って見る影もなく荒廃する。今はわずかに残る礎石にその栄華の歴史をうかがうのみだ。15分ほど杉木立を行くと、パイプを組んだ階段に出くわす。景観としてはバツ印だが、軟弱な土質と急坂の地形では致し方ない対応なのである。

丸太で土止めしたり、木の階段をしつらえても雨の度ごとに道は沢になり、崩壊を続けた。最後に行き着いたのがこの鉄製の階段ということらしい。歩きにくい人には左手にバイパスがあり、途中で階段に合流する。稜線の「富士見台」まで約30分、ひと汗かいたご褒美に額縁に飾ったような富士山が東の空に迎えてくれる。

ここからわずかで薬師岳山頂だが、眺望は乏しい。小さな祠の薬師如来像に一礼して文殊岳に向かう。標高差60mほど下ると鞍部で、再び上り返して南面が開けた草地に出れば竜爪山の南峰・文殊岳である。富士見台からは20分ほど。一等三角点標石のある山頂からは静岡、清水の市街地越しに日本平や三保の松原、さらには駿河湾のはるかな先に伊豆半島……と、絶好のパノラマが展開する。

こちらの祭神は文殊菩薩。その

5 古くは射的場。その後、社殿が設けられた遺構
6 急坂に設置された鉄製の階段

くぐるとご利益がありそうな夫婦杉

昔、ふもとの牛妻《うしづま》の村人衆が担ぎ上げたという。三角点標石の近くに石の祠がある。台座はあるが肝心の石像はなく、代わりに石柱が鎮座する。周囲にはベンチとテーブルが幾つかあり心地よい休憩地だ。東に富士、西北の空には木の間を通して南アルプスが遠望でき、都市近郊の低山としては申し分ない貫禄だ。

静岡平野にそびえ立つ竜爪山には海からの気流がまともにぶつかり、雨が多い。多雨な気候とアルカリ性土壌のお陰で、一帯の尾根や谷は豊かな植物生育地として知られる。週末には登山者に加え、アマチュア生物学者も混じって山頂は多くの「竜爪ファン」でにぎわう。こうした地元の「通な人」と交流するのもまた楽しい。

時代とともに栄枯盛衰の歴史重ねた穂積神社

下山は往路を引き返す。穂積神社に戻ると社務所で湯茶の接待を受けた。行楽期には氏子たちが輪番で詰めるという。境内にはふだん着のお年寄りの姿も見うけられる。平成になって神社前に林道が開通し、今や歩かずにお参りが可能だ。社務所の壁には写真や資料が掲示され、竜爪信仰の歴史の一端をうかがえる。山岳宗教の霊山から神仏習合の竜爪権現の時代を経て、再び明治の廃仏毀釈へ。境内は台風や火災の災禍も幾度となく経験した。有為転変、まさに栄枯の繰り返しである。

猟師による「鉄砲祭り」の伝統が「弾丸《たま》除《よ》け信仰」を生み、戦時中は出征兵士の武運長久を祈る人々で長蛇の列ができた。大祭の日、ふ

文殊岳山頂の祠

文殊岳山頂の休憩地

もとからの行列は夜通し続き、「山中ではすれ違うのも難儀だったと聞いた」と氏子の一人が話してくれた。ここからの下山は境内を少し下った「室町道」との分岐を左にとる。参詣客でにぎわった、その明治の新道である。山腹を緩く降りていく道は急坂もなく熟年登山者には優しい。

昭和50年代にはまだ明治道の面影が残る道幅があった。今は利用者も減り、所々に夏草が生い茂る。参詣道の栄枯盛衰を思いながら行くと、やがて沢音が大きくなって舗装林道に降りたった。ここまで神社から50分。さらに林道を300mほど戻れば、登山口の駐車場である。（児平）

Pick Up! 竜爪山

竜爪山は、戦国の世には駿河に進攻を図る武田勢のいくさ神としてあがめられ、徳川平定後の江戸期には駿府の町民から崇拝されるなど、武士から庶民まで幅広く信仰を集めた。

近郷に知らぬ人とてない霊山だが、その開創の歴史となるとなかなか謎が多い。開山の祖を修験者の山伏とする言い伝えがある一方で、それを武田の家臣の一人とする説もまた、有力である。

こうした謎解きに挑んだ貴重な資料に、山麓の曹洞宗三枝庵の元住職、故奥田賢山師の複数の著書や、さらに地元の郷土史家、故渡辺宏暢氏の労作「謎を解く　二人の権兵衛」がある。登山の合い間に目を通してみたい先人たちの研究成果である。

林床にひっそりと咲くギンリョウソウモドキ

山頂から駿河湾の眺め。奥は伊豆半島

P 駐車スペース
トイレ
ビューポイント

コースタイム

- 駐車場
- ↓ 約1時間10分
- 穂積神社
- ↓ 約50分
- 富士見台
- ↓ 約20分
- 文殊岳
- ↓ 約50分
- 穂積神社
- ↓ 約1時間
- 駐車場

*011

第一真富士山／第二真富士山

だいいちまふじやま／だいにまふじやま　地図「和田島」

標高　第一真富士山 1343m／第二真富士山 1401m

標準タイム　第三登山口から約3時間10分

Access

新東名新静岡ICから県道27号、県道29号で20分静岡市平野へ。黒部沢沿いの林道平野線で15分

富士山剣ヶ峰を正面に望む真富士山山頂

安倍東山稜の真富士山は南北の二峰からなり、南峰を第一真富士山、北峰を第二真富士山と呼び分けている。地元では真富士山というと第一真富士山を指し、第二真富士山は測量用の2等三角点標石が埋設されていることから三角点峰と呼ぶ人もいる。山名は真富士山の山頂から富士山を見ると富士の剣ヶ峰がちょうど真ん中に見えることに由来している。また、静岡県から富士山を眺める位置として、黄金分割の構図や富士山から肉眼で見える距離、前景の裾野に人工構造物が見えない位置、あるいは標高から真富士山が真の最高の山だといわれる。

信仰登山の歴史が少なくない安倍川東岸の山々の中でも真富士山に登るコースは古くからあった。安倍川から興津川や富士川へは峠を越したのに対し、真富士山へ登る参拝道は石仏が置かれ県内では珍しい存在である。静岡市葵区の平野地区から第二真富士山を経て第一真富士山に登る。登山口へは新東名新静岡ＩＣから県道29号を

1 真富士山への第一登山口
2 第三登山口からの垢離場にあるカツラの大木
3 林道平野線から第一真富士山を望む
4 林道「平野線」沿いのお茶の新芽

安倍川に沿って北上し、真富士の里ＰＡを過ぎてＪＡ静岡大河内支店の先を右折する。林道平野線には平野からの距離表示があり、「6キロメートル」の表示の先に第三登山口の標識板がある。林道の両脇に広いスペースがあり、10台ほど駐車できる。

第三登山口からはかつて黒部沢の源流に沿って登山道があった。その後源流部が荒れてしまい、今は民有林内につけられた植林作業用の登山道を登る。あまり手入れの行き届いていない薄暗いスギ林の中の道だ。崩壊地を過ぎると間もなく黒部沢の源流部に着く。小広場にカツラの大木があり、昔の垢離場《こりば》と言われる最後の水場がある。

南アルプス南部の山系を見渡す第二真富士山

黒部沢源流部の右岸から左岸にかけ荒れた涸沢を渡る。足場が悪く浮石に注意しながら渡り、スギの高木林を登る。植林地特有の土質はやせて粘土質で滑りやすく、登山道は雨でえぐられ舟窪状になっている。やがて平坦地になり、ヲイ平（老平）と呼ばれる、かつて造林小屋のあった場所に着く。ヲイ平から東方の真富士峠へスギの植林地に付けられた急坂の登山道を登る。造林用の道は一直線に登るので、歩幅を調整しながらゆっくり登ろう。やがて清水側がカエデ、ヒメシャラの自然林の真富士峠に着く。私製の看板が付けられている。

真富士峠からは北へ尾根道はやせて急峻になり、黒部沢側のスギの植林地からアセビ、ヒメシャラの温暖地の植生に変わり、キレットと呼ばれる岩場に出る。岩場はロープで固定され、足場はしっかりしている。両手でロープをつかみ足場を確認して、下山の時のことも考え、よく見て焦らず登ることが肝心である。岩場を登るとブナやカエデの自然林の緩やかな登りとなり、小広場に出ると第二真富士山の山頂に着く。

山頂の石仏は観世音菩薩像で五十三番目。菩薩のはるか向こうに大きく裾野を広げた富士山を眺められる。第二真富士山から少し北側に出れば、南アルプス南部の悪沢岳、赤石岳から上河内岳までが見渡せる。

真富士山峠に咲く
ミツバツツジ

5 真富士峠の霧氷
6 第二真富士山からの南ア南部の山々
7 湯野岳から望む第二真富士山

最も美しい富士山を展望できる第一真富士山

　第二真富士山からは岩場を慎重に下って真富士峠まで戻る。峠から第一真富士山へ南に緩やかに登り、広い尾根道を登っていくと清水区河内地区へ下る分岐に着く。石沢川側の上流が台風で荒れて河内地区の登山口には通行止めの黄色いテープが張られているが、真富士山からの下山道には通行止めの標示はない。河内分岐からは両側がスズタケの林床になるが、幅2mほどの自然林の尾根道を緩やかに登って広場に出ると第一真富士山の山頂である。

　山頂の東側に大岩があり、昭和6年に建立された半分欠けた大きな開山記念石碑がある。大岩の東側は約20～30mの断崖になっていて富士山の眺望を良くしている。富士山の前景には興津川左岸の高ドッキョウから平治ノ段の山域があり、富士宮市街地や周辺のゴルフ場などの構造物を目立たなくしており、第一級の富士山の展望台となっている。南東方面の展望も極めてよく、駿河湾から伊豆半島の達磨山から天城連山が見渡せる。第一真富士山から南西方向に緩やかに登り、1343mの最高標高点を過ぎて西方に下り、木の根につまずかないように注意しながら下ると鞍部に着く。鞍部は十字路になって南は俵峰集落へ、西は燕岩で岩場の基部に真富士神社が祭られ、雨乞いの神事が行われた。小さいながらたくさんの賽銭があげられている。真富士山神社から鞍部に戻り、北側へ下っていく。岩のゴロゴロした所を下り、カラマツ林をジグザグ下っていくと石仏が等間隔に置かれ、さらにスギの植林の中を行けばヲイ平に戻る。ヲイ平から黒部沢源流部の沢を慎重に渡り、暗い植林地を下れば再び第三登山口である。（廣澤）

山中に咲くオニユリ

第一真富士山の霧氷

第一真富士山から第二真富士山を望む

Pick Up! 第一真富士山にある大岩の石碑

真富士山頂にある大岩の上に立てられた開山記念の石碑には昭和6年と刻まれている。標高1343mの真富士山頂から眺める富士山は、剣ヶ峰を中心に裾野を広げた美しい姿が古くから人々に親しまれた。

興津川上流の河内の大石は、真富士山の山頂付近から地震か地殻変動によって落下したといわれている。山頂の大岩と河内の大石との関係は定かではないが、この大岩が将来、パワースポットとして日本中の人たちに愛されるようになったら、地元に住む者としてこんなにうれしいことはない。

P 駐車スペース
トイレ
ビューポイント

コースタイム

第三登山口
▼約40分
ヲイ平
▼約20分
真富士峠
▼約30分
第二真富士山
▼約40分
第一真富士山
▼約1時間
第三登山口

*012
十枚山

じゅうまいさん | 地図「南部」「湯の森」「篠井山」

▲標高　上十枚山 1726m／下十枚山 1732.3m

標準タイム　約5時間

Access

中の段へは新東名新静岡ICを降り、県道29号、林道を経て45分

近くなった安倍奥の山々

平成24年に開通した新東名道は東名道よりも内陸にルートが設定された。それにより静岡県内の山間部へのアクセスは随分と便利になった。特に安倍奥や奥大井など県中部地域の山岳へのアプローチはより短縮され、登山者にはうれしい。

十枚山へはその新東名道の新静岡ICが起点となる。ICを降り、梅ケ島温泉に向かう県道29号をたどる。ほぼ安倍川の左岸を北上する進路で迷うことはない。30分ほど走ると安倍川に新しく架け替えられた関の沢橋に至る。渡って右折すれば関の沢の集落で、そのまま沢沿いの林道を行く。

沢を離れ、九十九折《つづらお》りの急坂を登り切ると茶畑に囲まれた最奥の集落、中の段である。標高850m、車の乗り入れはここまでだ。然るべき場所に駐車して歩き始めると、すぐに登山道の入り口。「熊出没注意」の看板に驚くが、複数の人間の足音、会話に気づいて遠のくのは熊の方である。無闇に恐れず、単独で歩く場合には時々意識して物音をたてるなどの注意を払いたい。

富士の眺望を楽しむ安倍東山稜の最高峰

ここから30分ほど植林の中を行くと、道は沢コースと直登路に分かれる。安倍峠から南下して竜爪山に至る安倍川左岸の稜線はいつの頃からか「安倍東山稜」と呼ばれ、県内の山好きに親しまれてき

*012

十枚山

上十枚山（1726m）／下十枚山（1732.3m）

4 眺望のいい上十枚山頂。大休止して、昼食や写真撮影にたっぷり時間をとりたい

1 沢ルートと尾根道の分岐。左に、尾根道を選ぶ 2 植林の中を行く。水場もない、眺望にも恵まれない、ひたすら忍耐の登高だ 3 ようやく西方の展望が開けて、この辺りから尾根は東に向かう。山頂までもうひと登り

日の当たる林床に咲くスミレ

頂上名物?の鐘。ガスで視界がきかない時など、山頂で誰かが鳴らす鐘の音にホッとすることも

た。市街地から遠くなく、1500mを超す標高の縦走路からは何よりも富士の眺めが雄大だ。首都圏から訪れる人も多い。

十枚山はその東山稜中の最高峰で、中の段の登山口からでも標高差900m近い。スギ、ヒノキの植林中をたどる登路はお世辞にも快適とはいえないが、その分、稜線や山頂に立って四囲の山並みを視界に収めた時の達成感は、他の低山のそれに勝るものがある。安倍東山稜の主といっていい存在だろう。

さて、分岐からどの登路を選ぶか。沢沿いコースは文字通り沢を三つほど渡って、十枚峠に至る。水場に困ることはないが行程は少し長い。一方の直登路はいささか厳しい登高になる代わり、一歩ずつ高度を稼げる快感がある。急坂は下るよりも登りの方が案外楽なものである。ということで直登コースを行く。

この山はいつの頃からか、十枚峠をはさんで北側のピークを上十枚山、南側のそれを下十枚山とし、二つのピークを総称して十枚山と呼ぶようになった。従って双耳峰というより、山体を異にする兄弟峰とみるのが自然であろう。その上十枚の山頂から南西に伸びる尾根をたどるのがこの直登コース。

下草も生えないような暗い林内の登りが続くが、登山道沿いには日射しの届く開けた林床が時にはある。そこには可憐な花がひっそりと息づく。そんな一輪を見つけると登りの苦闘も何やら和らぐ。そうこうするうち急坂が緩やかになった。地図の標高点1169m付近だ。

それも束の間、道は再びさらなる急登になり、汗が吹き出してくる。本格シーズンには少し間のある4

月の下旬、登山道はまだ荒れたままだ。山砂利の転がる河原のような道は歩きにくい。枯れ沢の崩壊をやり過ごし、あえぎながらの登高がさらに続く。尾根を小さく乗っ越すと、周囲は針葉樹にブナやダケカンバなどが目立つようになる。

新緑にはまだ早く、葉を落とした木々の間から南アルプスが見え隠れすると標高1500m辺り。ここから尾根道は東に向かう。傾斜は緩くなり、陽光が降り注ぐ林内の道はそれまでの登高がウソのように快適だ。といって山頂まではまだ200m余の標高がある。焦らずゆったりと歩を進めよう。

やがてササの茂みをヒョコっと抜け出ると上十枚の山頂だ。展望は明るくのびやかで、山梨側に篠井山、安倍川の右岸沿いには二王山、さらに東山稜南部の山々。手持ちの一眼レフは春霞に煙る安倍奥周辺の峰々をしっかり捉えた。眼前には下十枚の雄姿。残念ながら北方の南アの遠望はダケカンバの疎林に阻まれておぼつかない。

南アルプスの名峰が揃い踏み

山頂でゆっくり休み、稜線の縦走路を20分ほど下ると十枚峠。安

5 上十枚山山頂から南にはこれから登る下十枚山。意外なほど姿のいい、どっしりとしたたたずまい
6 下十枚山山頂手前からの南アルプス大展望。聖、赤石、荒川などに加え、条件が整えば間ノ岳、北岳までが見通せる 7 展望のきかない下十枚山頂だが、わずかに開いた東面の樹間から富士が望める

[右]山腹ではすでに季節を過ぎたアセビの花が、名残りを惜しむように山頂で迎えてくれた
[左]彩りの乏しい下山路を唯一、華やいだ気分にしてくれたミツバツツジ

Pick Up! 下十枚山

国土地理院の地形図には上十枚山だけに「十枚山」の記載がある。「下十枚山」に山名はなく、標高だけの表示だ。古くからの登山者は今でも下十枚を「天津山《あまつやま》」と呼ぶ。「下十枚」ではいかにも存在感薄く、忍びない気持ちなのだろう。1700mを超える堂々たる山容に触れると、その心情はよくわかる。

標高が高いのは下十枚で、上十枚を6mほど上回る。昭和40年代以前、上十枚への直登コースが一般的でなかったころは、沢コースから下十枚を目ざした。昨今は上十枚から峠経由でそのまま下山する登山者が少なくない。ちなみに上十枚山頂の標示板には「1719m」とある。一瞬「はて?」と思うが、堂々たるミステークがまた大らかである。

2月に降った大雪はなかなか消えず、4月になっても沢を埋めていた

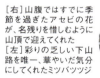

倍川と富士川沿いの集落を結ぶ峠道の一つで、古くから甲駿の人々が往来した。ここからは再び登り。2等三角点のある下十枚山は南北に長いピークを持つが、眺望には恵まれない。ただ、山頂手前のササ原から望むアルプスの遠望はこのコース随一。幸運に恵まれれば北岳、間ノ岳から荒川、赤石、聖など南アの主峰群が一望できる。残雪の峰々に時を忘れて眺め入ってしまう。

山頂から峠へ戻ると往復で50分ほど。下山は峠から西へ沢沿いのコースをとる。ササの切り開きを抜けてしばらく行くと三の沢で、植林の急斜面をさらに下ると二の沢。静岡市や地元の山岳会の手でトラロープや木橋などが整備されているが、沢の崩壊が進んでこの数年、傷みが激しい。この年（平成26年）は2月の大雪の影響で驚くほど大量の残雪が沢を埋めていた。木橋など跡かたもなくなっている。

さらに高度で300mほど下ると一の沢。ここでも雪渓がパックリと口を開け、行く手を阻む。こういう場合にはまず対岸のリボンやテープなどの目印を注意深く確認し、そこに向けて最も安全で確実な足場を探そう。設置されたロープなどにあまりこだわる必要はない。

沢の通過を除けば、往来の歴史を重ねた古い峠道に取り立てて危険な個所はない。ミツバツツジが咲き、カッコウがおしゃべりを交わす下山路に、午後の木洩れ日が優しい。峠から約1時間で尾根道との分岐点、さらに20分ほど下れば車を置いた林道終点に戻る。（児平）

⚠駐車スペース

林道が茶畑の急坂に差しかかるカーブ手前の沢沿いに10数台の駐車スペースがある。そこに置くのが安全確実だが、ここから歩くと中の段の林道終点まで30分以上のアルバイトを強いられる。午前中も早いうちならそのまま車で終点まで行くのも1つの選択肢だ。林道脇の2カ所ほどに4、5台の駐車が可能である。ただし農作業、山仕事の地元車両の邪魔にならぬよう、くれぐれも注意したい。

P 駐車スペース
トイレ
ビューポイント

コースタイム

- 中の段
- ▼ 約2時間30分
- 上十枚山
- ▼ 約20分
- 十枚峠
- ▼ 約30分
- 下十枚山
- ▼ 約20分
- 十枚峠
- ▼ 約1時間20分
- 中の段

空撮

*013
八紘嶺・安倍峠
はっこうれい・あべとうげ ｜ 地図「梅ヶ島」

標高　八紘嶺 1918.1m
標準タイム　4時間30分

Access
新東名新静岡ICを降り、県道29号で梅ヶ島温泉を経由し、1時間30分

信玄の隠し湯 梅ヶ島温泉を起点に

静岡市を南北に貫く一級河川・安倍川を上流まで遡ると最奥の集落、梅ケ島温泉に至る。信玄の隠し湯の一つとして知られ、その歴史は古い。安倍川源流部の狭い谷に肩を寄せ合うように数件の宿が軒を並べる。道路事情が格段に良くなった今でもなお、市中心部から車を飛ばして1時間余り。その距離と時間がこの古湯を永い間、俗化から守ってきた。

温泉から見上げると谷の開けた下流の方角を除いて北も東も、さらに西側もすべて山梨と隣り合う県境稜線である。2千mにほぼ近いそれらの峰に囲まれて、谷底から仰ぐ空は小さい。この温泉を起点に、比較的手ごろに登ることのできるのが八紘嶺だ。

県道を温泉街の奥で右折し、安倍峠方面に向かう。すぐに老舗の温泉宿「梅薫楼」で、旅館の前が終点のバス停。車道をそのまま500mほど行くと左に「安倍峠・八紘嶺登山口」の道標があり、尾根に取り付ける。ここから登るのもよいが、しばらくはスギ、ヒノキの植林地で、残念ながら快適な登山道とはいえない。車でもう少し上ってみる。

かつて身延山に詣でた日蓮宗信徒が梅ケ島に湯浴みするために山坂越えた国境の峠道。そこに昭和61年、車道が通じた。温泉街と身延を結ぶ林道「豊岡梅ケ島線」であ

1 盛りの紅葉。県道沿いには所々に植栽のモミジ、カエデ並木があり、運転の目を休ませてくれる 2 温泉街から林道を20分ほどで峠の駐車場に着く。尾根には左の奥から取り付く

登山道を彩る紅白の共演

る。この市営林道で安倍峠の駐車場まで行けば、時間的に随分と余裕が出る。急坂、急カーブを慎重にハンドルを切りながら約7㎞。稜線に出るとトイレ、案内板のある小広い駐車場に着く。

林道終点から取りつく県境尾根

車道を数分歩けば安倍峠で、八紘嶺には反対に西に向かう。目ざす山頂は見えないが、眼前にそびえる県境尾根が登山路である。いきなりの急登で10分ほど息を切らすと道は緩やかになり、アセビの小トンネルに出くわす。季節には白い可憐な小花の群れが出迎えてくれるはずだ。

少し下って小さな沢を過ぎ、もう一度緩く登り返すと温泉の登山口から直登してきた道と出会う。山頂まではひたすら登りだ。程なく先ほど見上げた県境尾根に出てパッと視界が開ける。尾根は北西に向かうので北東が身延町、南西側が静岡市である。富士川東岸に重なり合う山々の先に富士山が独り、異次元の高さでそびえ立っている。

反対側、南西の足下は梅ケ島の温泉街だ。富士見台と名付けられたこの辺りは標高1580mほど。眺望は申し分ないが、東側は切り立った痩せ尾根である。写真撮影に夢中になって、足を踏み外さないようにしたい。季節にはシロヤシオやツツジが咲く楽しい登路である。

1時間ほどは急登の連続。木の根や岩をつかむような身体運動が続くが、焦ることはない。しっかりと足を置き、自分のリズムで登れば高度はグングン稼げる。広葉樹の林内にツガやシラビソなどが混じってくると「白崩《しらなぎ》ノ《の》頭《かしら》」と地元で呼ぶ1881mのピークが近い。随分と登った感じがする。

南側の谷をのぞくと温泉の先、視線の遠くに安倍川の流れが白く糸を引く。まさに源流部の眺めである。緩やかになった尾根をさらに進み、右に日蓮宗ゆかりの信仰

3 新緑に覆われた八紘嶺の南東稜線。山頂は正面のピークからさらに奥 4 安倍川源流部の静かな山道。ウグイスのさえずりに思わず歩みが停まる 5 分岐。温泉奥の登山口から取り付いた尾根道と、ここで合流する 6 富士見台に向かうシラカバ林内の登り

の山である七面山から伸びる尾根を認めると目ざす山頂は近い。もうひと息だ。

最後にダケカンバの疎林をやり過ごすと八紘嶺の山頂である。大石が転がる、ほどよい広さの休憩地で、ゆっくりと弁当などを広げたい。眺望はいま一つだが、北面からは木の間越しに南アルプスの稜線の連なりが望める。

下山は急坂を慎重に行動したい。景色は足を止めて楽しむ、というのが鉄則だ。転倒は大事故につながる。楽しかるべき一日が台無しになってしまっては悲しい。

長い尾根を登ってたどり着いた山頂。冬場には北の空に南アルプスを遠望できる

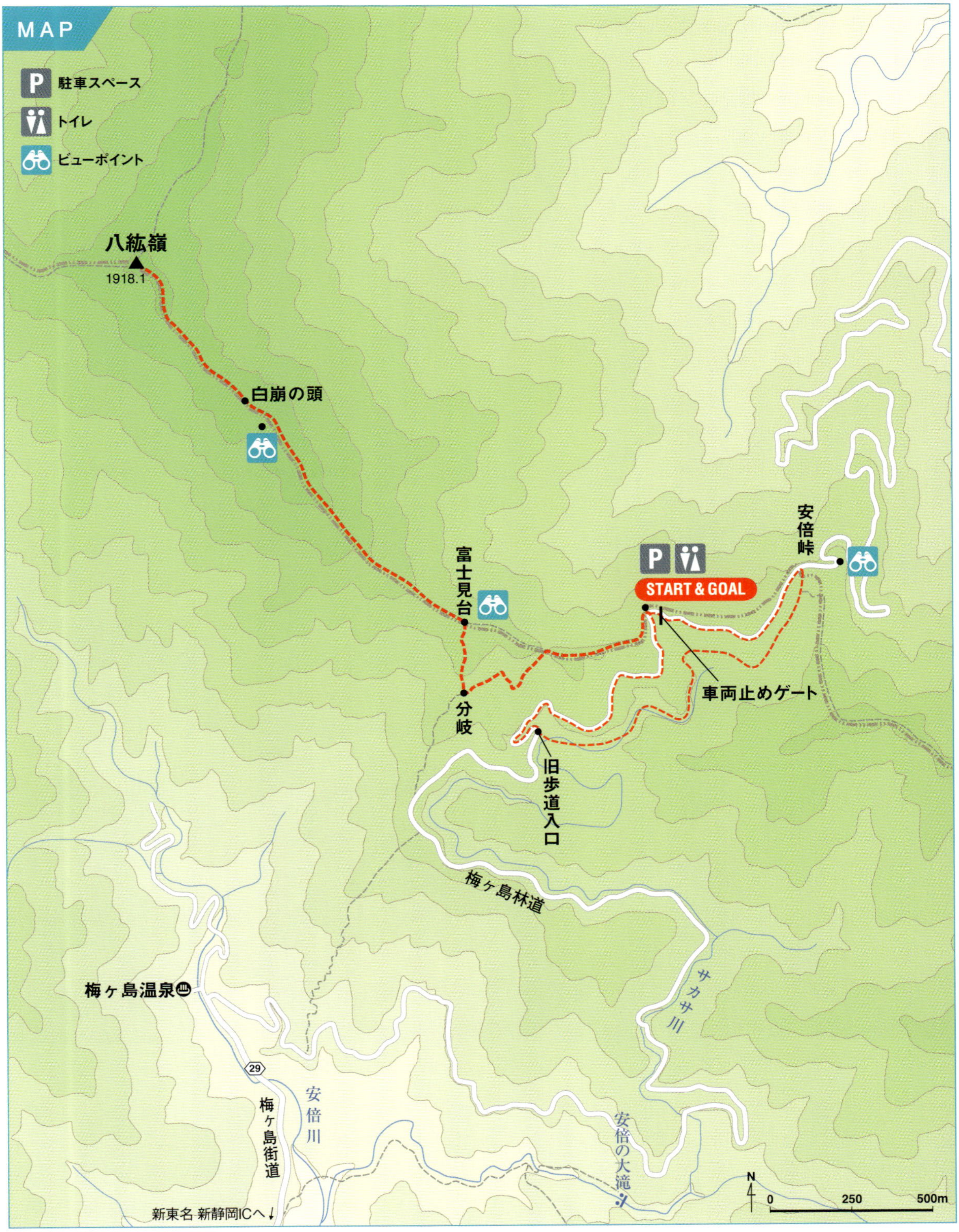

コースタイム

峠駐車場 → 約40分 → 富士見台 → 約1時間10分 → 八紘嶺 → 約1時間30分 → 峠駐車場 → 約15分 → 旧歩道入口 → 約40分 → 安倍峠 → 約10分 → 峠駐車場

安倍峠

安倍峠から流れ下るサカサ川の清流

7 林道を20分ほど戻ると、安倍峠に向かう旧道の入り口 8 湧き出る源流

源流の沢歩きを楽しんで峠へ

駐車場に戻ったらせっかくの機会を逃さず安倍峠を訪ねたい。林道を山梨側に行けば峠までは10分もしないが、それでは余りに味気ない。逆に800mほど戻り、「安倍峠 旧歩道入口」の道標から沢筋に入る。林道が開通する以前、身延と梅ケ島を結んだ往還の名残だ。

道はサカサ川という安倍川支流の沢沿いを、右に左に渡り返しながらゆったりと上流に向かう。サカサ川は温泉のはずれで本流に合するまで、標高差400mを一挙にかけ下る。途中「安倍の大滝」と名付けられた名瀑を擁するほどの急流だが、源流部のこの辺りにはそんな荒々しい面影はない。

空が開いたU字の谷底を行く流れはあくまでも緩やかで、急峻な沢の多い南アルプス山塊の一隅にあるとは思えないほど、谷の風景は優しく、和らいでいる。新緑に抱かれる初夏、紅葉黄葉のふり注ぐ錦秋…、いずれも格別な散歩道となるだろう。

入口からひと汗かく間もなく、やがて谷が一層広まる辺りで、せせらぎは跡形もなく地中に消え失

山の天候は不安定。一瞬にして霧が立ち込め幻想的だ

せてしまう。峠を源流とする、まさに安倍川の大河の始まる地点であり、川の始まりの不思議な光景だ。すぐに目ざす峠に出る。ここまで入口の道標からほぼ1km。数年前まで辺りはスズタケの密生する原だったが、今や増殖するニホンジカのエサ場となって見る影もない。

ここはまた「オオイタヤメイゲツ」というカエデの純林が群落する稀少な地でもある。新緑も紅葉も、時期さえ合えば目を見張るほどの景観が出迎えてくれる。土手状の斜面を登ったところが林道で車を置いた駐車場まではわずかの距離だ。

峠の眺望は残念だが全くない。旧道をそのまま直進して林道と合流し、さらに200mも行くと小さなカーブに出る。ここは東面に林が開いて、富士山の絶好の展望台になっている。峠周辺では一番の撮影ポイントだ。ゆったりとすそ野を広げる雄大な景観をゆっくり楽しみたい。

（児平）

Pick Up! オオイタヤメイゲツ

東北以南の本州・四国では珍しくないカエデの一種だが、高木の群生は稀という。一帯の国有林を管理する林野庁は静岡県側の6haを平成3年、植物群落保護林に設定している。

辞典などによれば葉は6〜10㎝で、8〜11分裂する手の平状というからカエデとしてはかなり大ぶりである。光沢のある艶やかな緑葉、そしてあざやかな紅や黄の紅葉、いずれの時期もその存在は周囲を圧する。林道開設の工事が進み始めた昭和40年代には一帯のブナやカエデを守れ、と建設反対の市民運動が起きた。

漢字では「大板屋名月」と表すらしい。モミジ狩りの情緒が何やら一層深まるような、味わいある命名ではないか。山梨県側は林野庁に先立って、県当局が2.3haを学術参考林に指定し、手厚く保護している。

*014

山伏岳

やんぶしだけ　地図「梅ヶ島」

標高　2013.2m

標準タイム　約3時間

Access

新東名新静岡ICから県道27号、県道189号で井川方面へ60分、富士見峠から大日峠を経てリバウェル井川から林道勘行峰線で25分

県民の森の最北端 時代とともに改名した山伏

静岡県の「県民の森」は県政百年を記念して昭和51年に制定され、井川高原の勘行峰から山伏までの広大な土地に「総合野外活動センター」が整備された。県民の森の最北端にある山伏は、明治時代には大崩山、昭和に入ってから山伏岳、山伏山と呼ばれた。昭和32年の静岡国体開催で安倍川側から道が開かれ、当時県内の山岳関係者が出版物に山頂は草原でゆったりしているとして「岳」や「山」がない方が似合う――と書いたことから、地元の人たちの間で山伏の山名が定着した。

山伏（大崩山）を初めて紹介したのは山岳画家の中村清太郎と言われ、戦前の著書『山岳渇仰』に掲載したことによる。中村が登った牛首塚（牛首峠、三尺峠）から山伏に登り、百畳平から牛首に戻る周遊コースを歩く。新東名新静岡ICを降り、県道27号をたどり、189号で井川高原から県民の森に入る。ここからは林道「勘行峰線」を北上する。

牛首峠は大井川最奥の小河内集落と安倍川の梅ヶ島集落を結ぶ峠で、江戸時代以前から小河内金山や笹山金山の産出金が甲州に運ばれた。生活道の峠越えとは違った軍事用の秘密の峠であったと思われる。三尺峠と呼ばれたのは今の牛首峠の西側の小広い所で、約1mの小径だったと言われる。現在は林道が通って不明瞭になっている。

峠近くには2カ所の駐車場があ

登山道のカエデの紅葉

る。林道は笹山断層が通っている山の斜面を削って作られているので大雨や台風後は崩落が多い。牛首峠から安倍川側の新田集落へはトラロープと黄色いビニールテープで立ち入り禁止の看板が付けられている。安倍川支流のコンヤ沢源流部は崩壊して登山道が消滅し通行できない。国有林内であり、静岡森林管理署は迂回路をつくる予定はないという。

笹山断層が生み出す山容 牛首ノ頭から猪ノ段へ

牛首峠には昔、北方面に七面山道、東方面に梅ヶ島の石の道標があったが、今は私製の道標が２〜３枚あるだけだ。登山道は急坂の尾根上を登る。シラベ、コメツガの大木で木の根や小石混じりの滑りやすい急登である。峠から牛首ノ頭と呼ばれる１７８５ｍ地点まで標高差約２００ｍを一直線に登る。井川高原の山稜の中で笹山と猪ノ段の間の牛首峠ほど落ち窪んでいる場所はない。笹山断層の所以である。牛首峠の南東方と北西方に断層が切れているように見える。金鉱脈が西側にあるのを発見した先人の知恵に感心する。

1牛首峠の登山口 2山道に自生するソウシカンバ

1785mの標高点は以前には「牛首ノ頭」の山名板が付けられていた。今は「奥笹山」の木片の山名板が付けられているが、いささか無理筋の呼称ではある。牛首ノ頭からは稜線の広い尾根に変わり、木肌が赤みを帯びたコメツガの大木林の中を北上する。尾根の東側はブナ、タケカンバの大木林、西側はシラベが多く林床のスズタケが枯れている。シラベの根元がかじられた跡を多く見かけ、白色の松ヤニが染み出ている。林道ができて以来、この尾根は歩く人が少なくなり、シカが目立って多い。登山道は尾根の高い所を通っているが、獣たちは斜面に幾筋も道を作るので迷い込まないようにしたい。霧やガスが出てきても慌てることはない。安倍川側は急峻になっているので、西側に下れば林道に出られる。

猪ノ段と呼ばれる平坦地に出ると高みに周りの木々を伐採した広場があり、井川・田代地区への防災無線用のアンテナが建てられている。猪ノ段から少し下ると林道から登ってきた道と合流する。登山道はよく踏まれて明瞭だ。所々にササ原が現れ、腰高ぐらいの中を獣道が縦横についている。道標や登山道はよく整備されており、百畳平からの道と合流すると広いササ原が現れる。二重になった尾根道の西側を登っていく。

多くのハイカーでにぎわうため粘土質で滑りやすい登山道を登ると、静岡市営の「山伏小屋」との分岐に出る。西へ50mほど下れば小屋である。昭和46年の建造で昔懐かしい造林作業小屋づくりだが、西側にあったトイレは完全に壊れてスズタケの中になくなってしまった。水場は北西方向を少し下った所にあり、清らかな水が得られる。

絶景ササ原山稜とピンクの花開くヤナギラン

小屋から丸太の階段の幅広い登山道を登っていくと、安倍川支流である大谷川の枝沢の西日影沢源流のガレ場に行きつく。「扇ノ崩れ」と呼ばれるガレ場の縁を通る登山道は危険なためにトラロープが張られ、通行止めになっている。以前の登山道にはスズタケが茂っている。スズタケのまばらなところのガレ場から南方を見下ろすと、笹山にかけて安倍川側のガ

山頂からの眺め。左から悪沢岳、布引山、笊ヶ岳

レが数カ所見えて笹山断層が通っているのが確認できる。迂回路からシラベの林を緩やかに登ると西日影沢からの道と合流する。このコースはよく整備された登山道だが、なぜか地形図には記載されていない。

幅広い登山道を登り、一面のササ原に出ると高原状の山頂に着く。東側はコメツガ、モミの立ち枯れた独特の雰囲気のある山頂広場が広がり、林床のササ原の中に獣道が通る。大谷崩れの崩壊地の向こうに安倍奥の山々が望め、大きくたるんだ安倍峠の先に富士川左岸の天子山塊が広がり、さらにその上に富士山を眺められる。安倍奥の山々と天子山塊の重なりの上に富士山が見える雄大な景観だ。富士山を撮る

3 8月に咲くヤナギラン
4 静岡市営の山伏小屋
5 笹山断層

ササ原山稜の上に富士山を望む

百畳平の下山口

6山頂の笹原 7山伏岳北側に咲くタカネビランジ

には周辺では最高の撮影ポイントでカメラ、三脚を抱えた登山者も多い。

山頂には亜高山植物保護のためにフェンスで囲まれたところがあり、主に8月上旬にピンク色の花を咲かせるヤナギランをシカの食害から守っている。フェンスの周りは木道が敷かれ、周遊できるようになっている。山頂から北方には丸みを帯びた山容の布引山、その後方に双耳峰の笊ヶ岳が見え、農鳥岳まで続く白峰南嶺と呼ばれる稜線が見える。北西方向には生長したソウシカンバの上に南アルプス南部の峰々が見える。帰路は山伏小屋の先まで戻って稜線を西側に下り、広い駐車場のある百畳平へ下る。百畳平からは舗装された勘行峰林道を牛首峠までハイキングだ。林道から西方の南アルプス南部の山々の展望は良好だ。（廣澤）

Pick Up! 山伏（岳）の山名

山伏の山頂に三角測量用の2等三角点標石が埋設されてあり、地図上の戸籍ともいえる「点の記」は三角点名「山伏《さんぷく》峠」となっている。北方の農鳥岳から白峰南嶺と呼ばれる山梨県・静岡県の県境稜線が南下してきて、山伏で分かれるところから山伏峠と記されている。

南側からはササ原の印象が強く「岳」や「山」の名は似つかわしくないというわけで、静岡県側では山伏の呼称が定着している。だが山頂北西面は大きく崩れ、北側の山梨県雨畑集落からは急峻な山岳に見える。独立峰の四方に集落があれば、呼び名が四通りあることも珍しくない。

「山伏岳」という山頂の立派な山名板からいつの間にか「岳」の字が削られているが、これは少し了見が狭い。「山伏」であれ「山伏岳」であれ、双方の山名を大切にしたい。

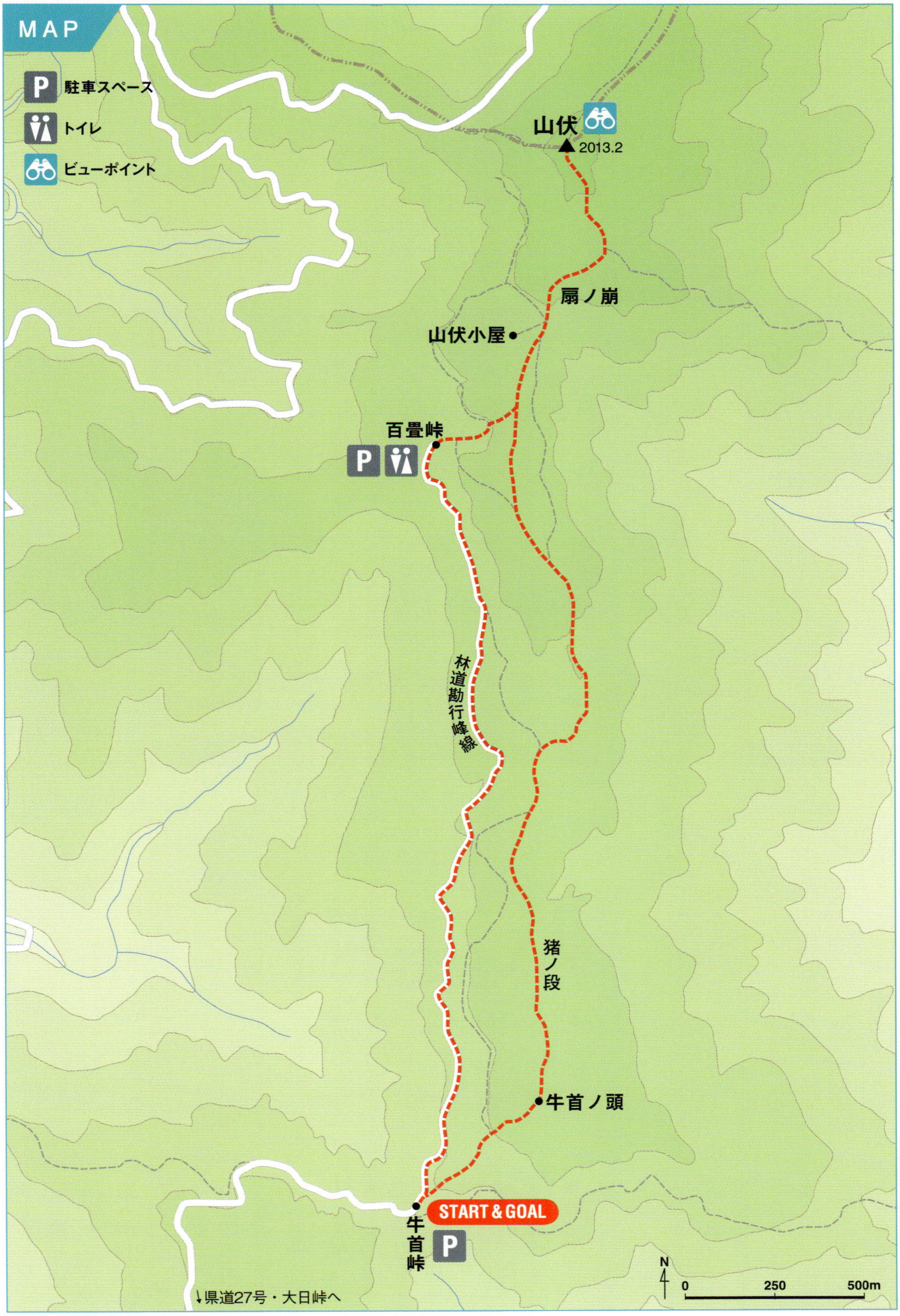

コースタイム

牛首峠 ▶ 約1時間 ▶ 猪ノ段 ▶ 約1時間 ▶ 山伏岳 ▶ 約30分 ▶ 百畳平 ▶ 約30分 ▶ 牛首峠

*015

八高山

はっこうさん

地図「八高山」

標高　832.4m

標準タイム　約4時間30分

動画へGO!

Access

新東名島田金谷ICから国道473号を約10分

スイス山岳鉄道と浅からぬ縁の大鐵福用駅

本シリーズで紹介する低山の中では珍しく鉄道駅を起点とするコースで、アプローチの良さは群を抜く。駅はSLで知られる大井川鐵道の福用。洒落た駅舎に隣接して10台ほどの駐車スペースがある。駅Pにもかかわらず無料であり、ローカル線ならではの素朴さがうれしい。新東名の島田金谷ICで降り、国道473号を北へ。福用駅までは10分ほど。もちろん鉄道も便利で、東海道線金谷駅からだと20分。金谷を朝の3番列車ぐらいに出ても8時過ぎには登山を開始できる。

福用の集落は大井川西岸、島田市（旧金谷町）の山間に位置する川根茶産地の一角である。小さな駅広場に大看板が立ち、駅周辺の名所旧跡を案内したイラストがある。八高山はこの辺り最大の集客ポイントで、集落背後の山並みの彼方にそびえるように描かれている。誇張したペンキ絵に驚いた男児が「ワァ、山を三つも越えるんだー」と、心配気に両親の顔をのぞき込んだ。

駅前の街道を右に折れるとすぐに矢印の入った「八高山」の青い道標が目に入る。「3・9㎞」と表示がある。指示通りに左折して農道を真っ直ぐに突き当たると、石鳥居のある白光神社の里宮。近在の信仰を集めた郷社で、これから登る山頂の直下に奥宮がある。拝礼して左に茶畑の中を行く。すで

1スイス・ブリエンツ駅を模したという大鐵福用駅 2八高山3.9kmの表示がある最初の道標 3白光神社脇の茶園。これから右手の尾根に取りつく 4雑木林の登高 5みかん搬送用のラック跡。ていねい過ぎるほどコース案内の道標が各所にある

に一番茶の摘み採りが終わったこの時期、茶園は萌黄色から深緑に変わろうとする、まさに繊細な季節の中にある。

神社脇にも登山道があるが、今回は地図に印されたルートを行く。200mほど歩くと右折の道標があり、民家の裏手を回り込むように斜面に取りつく。急坂だが竹林が混じったりして、どこにでもありそうな裏山の雰囲気。ひと汗かく間もなく小尾根に出る。先ほどの集落が見下ろせ、福用駅付近を通過する電車の音も聞こえてくる。ところでこの大井川鐵道、遠くスイスの山岳鉄道と浅からぬ関係にあるのだという。

アイガー、メンヒなどベルナーアルプスの名峰を間近にいただくスイス中部の景勝地、ブリエンツ湖。この湖畔の町を始発駅とするのがロートホルン鉄道で、急傾斜を登るに有効なアプト式ラックレールが特色だ。この方式を、同様に急勾配地点を抱える大井川鐵道井川線も導入し、そんなことがきっかけで1977年、両者は姉妹鉄道協定を結んだ。

彼の地ではSLカナヤ号が、そして井川線にはブリエンツ号が走る。つい先ほど見たトンガリ屋根の福用駅舎はブリエンツ駅を模してデザインしたものらしく、交流の絆はなかなかに太い。2014年夏、スイス公式訪問の皇太子さまはブリエンツにも足を運び、カナヤ号にお乗りになった。金谷の人々にとっては何よりのニュースであったろう。

コース唯一の展望地、馬王平の稜線を渡る初夏の風

尾根は登るにつれて雑木林から茶園跡の荒地、さらに植林地へと表情を変えるが全般に眺望は今一つ。一カ所だけ南が開けて経塚山、神尾山など大井川右岸の里山をのぞいたと思うと、やがてもう一本の大きな尾根と合流する。福用駅の北、高熊から取りつく登山路で道標には「なだらかコース」とある。一方の登ってきた道は「急斜面コース」といい、この地点を「尾入分岐」と呼んでいる。

なだらかな尾根をのんびりと500mほど行くと、さらに分岐がある。こちらは「小文道分岐」といい、福用駅の南、小さな集落から登ってくる古くからの参詣道で帰路はこれを下る。分岐からほど

なく林道に出くわすと、馬王平の平坦地はすぐ。サッカー場ほどもあろうかという広場は伐木の集積場だったらしく、四方に林道が通じている。正面にようやく八高山が姿を見せた。晴れれば東に富士山を仰ぎ、一休みするには絶好の地だ。八高山へは目前の伐採跡の縁につけられた道を行く。遮るもののない展望は東方面180度を視界に入れ、先ほどの馬王平へのなだらかな尾根も眼前に延びている。吹く風が、少し汗ばんだ肌に心地いい。

再び植林地に入ると間もなく大きな電波反射板に出合う。県内の民放局、SBS静岡放送がテレビ本放送の開始に備えて設置した回線中継施設だ。10m四方ものジュラルミン反射鏡2枚で静岡・日本平からの電波を受け、そして浜松に送った。林道もなく、資材の運搬は専ら人力に頼らざるを得ない昭和30年代、荷揚げには麓の福用の人たちが大人も少年少女もこぞって協力した。地方のテレビ局草創のころのそんなエピソードを、観光協会が小さな説明板にまとめて道脇に設けてある。日本のテレビ放送は60年の歴史を超え、今やデジタル新時代。役目を終えた反射板は、駿・遠国境の山中に静かにたたずんでいる。

山頂からは大井川上流と南アルプスを遠望

さらに林中を行く。シイやカシなどの常緑樹が混じり、樹齢を重ねた杉木立が目立つようになるとほどなく鳥居が現れて、白光神社の奥宮である。かつては神職が常駐して参拝者を迎えたが、今は建物だけがひっそりとある。右に回り込み、緩く坂を登ればすぐに八高山の山頂。馬王平からは50分ほどだ。一等三角点標石の置かれた小さな広場は樹林に囲まれ、南北にだけわずかな視界が開いている。

好天に恵まれた時、北方の眺めは素晴らしい。眼下にはまず家山の街、蛇行する大井川の上流はかつて「都の大堰川にも勝るべし」と、その絶景をうたわれた鵜山の七曲り、目を中景に転ずれば安倍奥や寸又川上流の山々。そして遠景には聖岳、上河内岳など南アルプスの山並みである。さらに視界の右端にはお目当ての富士が超然と、他を圧してきつ立している。こ

6緩やかな尾根にヤマアジサイの群落 7馬王平 8伐採跡の登り。越えてきた尾根が目の前だ

*015

八高山

八高山（832・4m）

こまで足を運んだ者へ何よりのご褒美だろうか。広げた山ランチが、ことのほか美味しくなること請け合いだ。

下山は馬王平を過ぎ、小文道分岐までは往路を戻る。分岐で右に進路をとり、しばらくは山腹をトラバース気味に行く。植林内で気が緩むが、両側は思いのほか急傾斜である。転べば滑り落ちるし、木の根で止まってもケガは避けられない。ほどほどの注意は必要である。ほどなく福用駅への道標があり、小さく尾根を乗っ越して今度は急坂の下り。暗い樹林を辛抱しながら行くと沢に出会う。本日のコースで唯一の水場である。喉を潤すもよし、顔を洗い、身支度を整えるもよし。気分を新たに再び下り出すと5分もしないうち、集落から上ってくる舗装林道に降りたつ。林道伝いに茶園の脇を下り、集落を抜けて福用駅まであと1km半の道のりである。（児平）

9

10

9 白光神社奥宮　10 八高山頂からの東の眺め　11 上空からの八高山頂

11

P 駐車スペース

トイレ

ビューポイント

コースタイム

- 福用駅
- ▼約1時間
- 尾入分岐
- ▼約40分
- 馬王平
- ▼約50分
- 八高山
- ▼約45分
- 小文道分岐
- ▼約1時間15分
- 福用駅

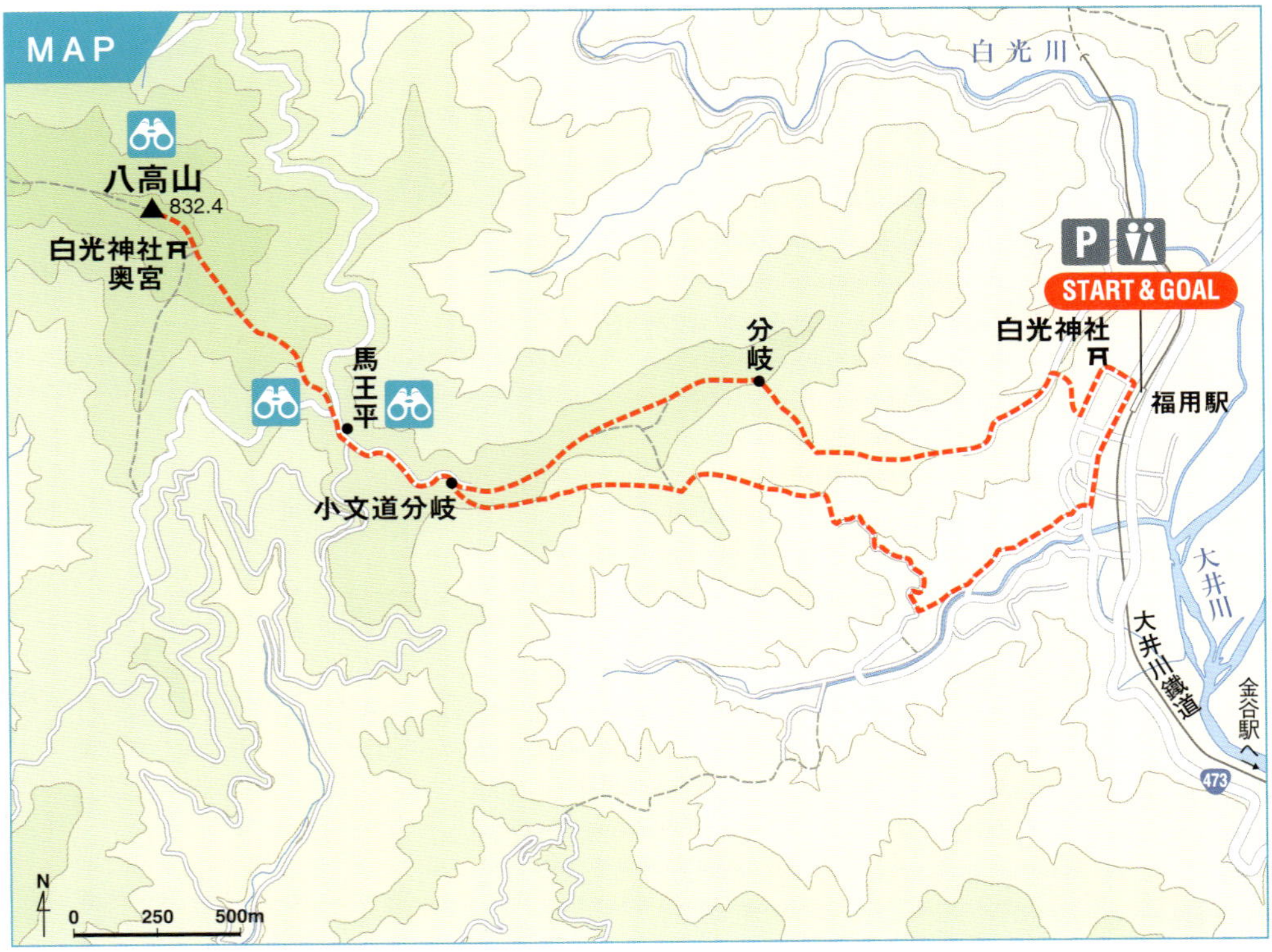

*016

蕎麦粒山／高塚山

そばつぶやま／たかつかやま　地図「蕎麦粒山」

標高　蕎麦粒山1627.5m／高塚山1621.5m

標準タイム　約5時間

Access

新東名島田金谷ICから国道473号、同じく362号で川根本町上長尾へ。

【注意！　林道の通行止め】
蕎麦粒山の起点、山犬段に向かう林道南赤石線（南赤石林道）は令和元年5月に起きた大崩落で全面通行止め。令和4年5月現在、復旧の見通しは立っていない。徒歩の通行も禁止で、蕎麦粒山への入山は手前の大札山（1373m）の尾根をたどるしかなく、所要時間の大幅な上乗せが必要である。う回ルートなどの詳細な問い合わせは川根本町役場観光商工課（☎0547-58-7077）へ。

はるかに南アルプスを望む奥大井の人気コース

「蕎麦」の字を冠した山は幾つかあるようで、山容が三角形のソバの実に似ていることからそう呼ぶらしい。近隣では奥多摩に蕎麦粒山がある。地味ながら首都圏の静かな山歩きを好む登山者に隠れた人気だ。一方、静岡県の蕎麦粒山は尾根筋に紅白のヤシオツツジが群生する「花の山」として知られる。近くの大札山や沢口山などとともに、季節にはことのほかにぎわいをみせる奥大井の名所である。

　奥大井とは文字通り、大井川の上流をいう。3千mの高峰を連ねる南アルプスは光岳をもってその南端とされるが、そのさらに南の大井川、寸又川の源流に沿う2千mクラスの中級山岳は「深南部《しんなんぶ》」と呼ばれ、俗化されない静寂な環境に格別な思いを寄せる岳人は多い。その深南部のさらなる南、千頭や寸又峡などの人里を囲む地域が奥大井で、温泉浴を兼ねて県内外から行楽客が足を運ぶ。

　蕎麦粒山の登山起点、山犬段《やまいぬだん》へは新東名島田金谷ICから国道473号を20㎞ほど北上

*016

蕎麦粒山／高塚山

蕎麦粒山（1627・5m）／高塚山（1621・5m）

1山犬段の広場。奥の避難小屋の後方が蕎麦粒山 2新緑の東尾根の登り 3シロヤシオとミツバツツジの競演

すると川根本町《かわねほんちょう》役場のある上長尾の集落。橋を渡るとすぐに出光のガソリンスタンドで、手前を左折すれば山犬段に向かう南赤石林道（一部は蕎麦粒林道）である。左折直前の右手に道路標識と案内板がある。

山犬段までは19km。大半は舗装道だが、上部には激しい崩落個所が連続しており、治山工事と常に追いかけっこである。出発前に町役場で道路情報を確認しておきたい。大札山登山口の駐車場を過ぎると悪路だが、慎重にハンドルを握って4kmほど行けば山犬段である。標高1400m。段とはこの地方で山中の平坦地をいい、山犬はオオカミのことだ。数十台は駐車可能な広場で、車の乗り入れはここまで。

紅白のヤシオツツジが咲き誇る「花の山」

町管理の避難小屋があり、遠くから夜半に到着する登山者には有り難い。小屋の右手から尾根に取りつく。蕎麦粒東尾根と呼ばれており、しばらくは緩やかな登り。ブナやケヤキ、ヒメシャラなど落葉高木に囲まれた尾根道は踏み固められて歩きやすい。カエデも混じり新緑、紅葉の季節ともに心地よい歩道だ。40分ほどで山頂に着く。ベンチのある広場は北東、南東、西の三方に延びる尾根の交わりで、なるほどソバの実であると納得する。

ここからは東側の展望が素晴らしい。深南部、安倍奥、大井川対岸の山々はもちろん、冬晴れの日には駿河湾、伊豆半島が望める。一休みしたら高塚山へは西へ尾根を下る。下り始めて間もなく右手北方はるかに聖岳など南アルプスの高峰、手前に三角形が特徴的な黒法師岳など深南部の山々が見え隠れすると、やがて両側にシロヤシオが姿を現す。

ツツジ科の落葉低木と事典にはあるが、この辺りは高木が多く、仰ぎ見る若葉の間から放たれる純白の花々の香気に圧倒されそうになる。別名ゴヨウツツジ。敬宮愛子さまのお印と決まって一挙にファンが増えた。白米で命を寿ぐ日本人は、真っさらの白がことのほか好きだ。年によってはミツバツツジがまだ見頃で、薄紫の彩りが華やかさを増してくれる。そこにウグイスのさえずりが重なると、芽吹きの初夏のたとえようもない幸福

4

5

4 蕎麦粒山頂の眺め。富士がかすかに姿を見せている
5 五樽沢コルに下る稜線から。はるか北の空に霞む上河内岳、聖岳（左）

満開が近いシロヤシオ（上）とあでやかなミツバツツジ

感に包まれる。

小さなピークを越え、さらに下ると五樽沢《ごたるざわ》コルと呼ばれる鞍部に到る。ブナ、ミズナラの林を緩やかに登った後、急坂になると樹相は針葉樹に変わり、再び平坦な広い尾根道となる。この辺もシロヤシオの群生地で、ササ原の中を軽快に行けばやがて三ツ合《みつあい》である。千石平方面に延びる北の尾根、高塚山に向かう南の尾根と、登ってきた蕎麦粒山からの尾根と、三尾根の合流、あるいは分岐の意で三ツ合と称した。稜線の小ピークであることから近年は三ツ合山とも呼ばれるが、まだ一般的ではない。広く開けたササの原は気持ちがいい。

ニホンジカによる食害が進む高塚山への尾根

高塚山は左へ、南に延びる尾根をとる。すぐの急坂を下りきると緩やかな尾根の上りになる。高塚山までの間に再びシロヤシオのト

6 三ツ合に向かう緩やかな尾根。針葉樹が混じる
7 左に高塚山がのぞくと三ツ合は近い

気持ちよく開けたササ原の三ツ合

ンネルを楽しめるが、カエデ、ブナなど落葉樹の林縁に注意しながら歩くと可憐な小花が目に止まった。川根本町の公式HPにはカタバミやエンレイソウ、トウヒレンなど幾つか紹介があるが、近年増殖を続けるニホンジカの食害で、これらの山野草の植生にも影響が出始めているらしい。

緩くピークを越える辺りから目立つのがバイケイソウの群落で、毒性があるとされるこの花だけはシカの餌食《えじき》から免れている。食い荒らされて丈の低くなったササの斜面に、残ったバイケイソウの緑葉だけがいやでも目立つ。もっともここ数年、アルプスの高山帯ではバイケイソウ、コバイケイソウの新芽が捕食されるという調査報告や目撃情報が相次いでいる。どん欲な草食ほ乳類のニホンジカの跳梁《ちょうりょう》ばっこに、バイケイソウの安泰も保証されたものではないのである。

そんな心配をしながら歩いていると話し声がして、ひょこっと高塚山の山頂に出た。三ツ合からほぼ40分、二等三角点のピークだが、今や疎林に囲まれて山頂の展望は乏しい。はぐれジカでも現れてく

開花にはまだ間があるバイケイソウの群落

れると撮影チャンスだが、休日のにぎわいの中では期待薄か。帰り支度をして往路を引き返す。1時間で五樽沢コルに戻り着く。ここを左に折れて林道に下り、林道伝いに山犬段に戻る周回コースが楽なのだが、2014年にその林道が大崩落し、以後通行禁止になっている。

　ということでコルから再び蕎麦粒山に登り返す。もう一度、この日最後のシロヤシオ観賞だ、と思えばそれもまた楽しい。山頂まではゆっくりと1時間。登りきって右手に下るのが南尾根で、大札山北尾根との鞍部に出る。この南北の両尾根はアカヤシオの見どころで、シロヤシオが見頃の6月初旬より半月ほど早い。機会をみて挑戦していただきたい。山犬段へは左へ尾根を下り、20分ほどで車を置いた広場だ。（児平）

高塚山に向かう尾根の林縁に咲く小花。トウカイスミレか

高塚山頂

Pick Up! 南赤石林道

　国有林野会計が黒字に湧いていた高度成長期の昭和38年、東京営林局は森林資源の開発を目ざして当時、同局で最大規模といわれた「南赤石開発幹線林道」の建設に着手する。

　間もなく蕎麦粒周辺でモミ、ツガ、ブナの出材を開始し、建築、家具、チップ材として旺盛な需要に応えた。「飛ぶように売れた」と当時の新聞にある。

　観光開発の期待もあって林道は黒法師、前黒法師岳の直下まで延びた。が、やがて安価な輸入材に押されて国産材は長期低迷、林野会計も赤字に転落する。

　有為転変を経て半世紀、山犬段から奥の林道は今、役目を終えたかのように路肩の決壊、ノリ面の崩壊が続いて見るも無残な姿である。歩行すら危険な個所が多い。

コースタイム

山犬段
↓ 約40分
蕎麦粒山
↓ 約40分
五樽沢コル
↓ 約50分
三ツ合
↓ 約40分
高塚山
↓ 約1時間
五樽沢コル
↓ 約50分
蕎麦粒山
↓ 約20分
山犬段

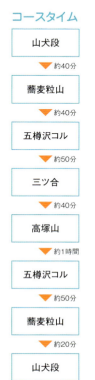

*017
沢口山
さわぐちやま | 地図「寸又峡温泉」「蕎麦粒山」

標高　1424.8m
標準タイム　約4時間30分

Access
新東名島田金谷ICから国道473号、県道77号、国道362号で千頭へ。さらに県道77号で寸又峡温泉まで90分

県内随一の渓谷美
寸又峡から沢口山登山口へ

大井川の支流、寸又川沿いの森林地帯は良質な木材資源の宝庫として知られた。江戸時代には紀州みかんで財を築いた紀伊国屋文左衛門が巨費を投じ、江戸へ木材を運んだといわれる。深い谷が連なる寸又川は大間の集落付近で「嵌《がん》入蛇行《にゅうだこう》の寸又峡」と呼ばれ、その渓谷美は県内随一と言われる。寸又峡温泉から日向山コースで沢口山を目ざし、猿並平コースを下山する周遊コースを歩く。

昭和37年開湯の寸又峡温泉は別名「美女づくりの湯」とも称される単純硫黄泉で、美肌効果で人気の山の湯である。温泉入口の駐車場から旅館街を登って行くとバス終点の広場に着く。その先の「かじか橋」を渡って舗装の急坂を登ると「沢口山　日向山登山コース」の立派な案内板がある。さすがに木材豊富な地域で、林業用の登山道は登りやすい。急坂だがすがに木材豊富な地域で、急坂には丸太の杭にロープが張られ、階段の丸太にはヒノキが使われている。ルートは地形図の破線路と異なり、登りやすいように沢口山の北尾根の末端近くへ登っている。

北尾根に出ると北側へは通行止めの黄色いビニールテープが張られている。沢口山は初心者向きのコースとして人気があるが、ここ数年事故が多発している。登山道や道標は地元の人たちによってよく整備されているのに事故が起きるの

登山道沿いに咲くミツバツツジ

は、温泉気分の物見遊山的な山登りが原因と思われる。千頭方面から車で入る時に分かるが、渓谷の上方にある沢口山は険しい山だ。

登山道沿いを彩る イワカガミとアカヤシオ

北尾根にテープが張られているのは遭難防止のためである。尾根道両側のスズタケは枯れて、カエデ、シデの自然林を登っていくとテレビ用のアンテナ跡地に着く。地上波廃止で不要になり、草が茂っている。アンテナ跡地から岩尾根になり急坂を登っていくと西側の大間川側にイワカガミ群落地の看板がある。岩場に群落し、4月下旬に白い花が一面に咲く。晩秋には葉が濃赤色になるのだが、温暖な地域にあるため濃緑色で冬を

1

2

3

1深まる秋に色づく寸又峡 2登山口に飾られているカモシカのオブジェ
3木馬の段のオオイタヤメイゲツ

4 10年に一度満開となるアカヤシオ 5 木馬の段で真っ赤に染まる紅葉

越す。

イワカガミ群落地から大間川側に転落防止用のロープが張られているところを登っていくと、寸又峡側が切り開かれた展望地点があり、温泉街が俯瞰できる。後方には木々の間から大間川対岸の前黒法師岳が見え、大きい山容と小さいガレの多さが目立つ。急坂を登れば緩やかな尾根道に変わり、足元がフカフカの歩きやすい腐葉土の道になる。

日当たりのよい所から日向山と呼ばれる「木馬の段」に着く。ブナ・カエデ・ヒメシャラの自然林だ。かつて木馬の段上部の木材を伐採して木製のソリに乗せて、寸又川に落としたと言われる。

登山道は岩混じりの急登になり、アカヤシオの群落地で5月上旬にはピンク色の花が咲く。アカヤシオの咲くところは水はけのよい岩場が多い。さらに丸太の階段を上ると寸又川側がスギの高木林になり富士見平に着く。昭和40年代には東方に富士山がよく見えたが、今はスギが成長して眺望はきかない。20mほど東側に下ると展望が得られ、道標も親切に設置されている。

山頂から眺める南アルプス深南部の大無間山

富士見平で猿並平から登ってきた道と合流する。広い尾根にはブナや茶褐色の木肌のヒメシャラの大木林が自生し、緩やかな尾根道からいったん西側に下ると「ヌタ場・大ミズナラ」の標板がある。ヌタ場とは獣類が体に着いたヤマヒルやダニを水や泥で取るところだが、ここはヌタ場というより池に近い大きさだ。ヌタ場の北側に目

沢口山山頂から見える朝日岳、風不入、大無間山

富士見平付近に広がる雪景色

通り6・5mほどのミズナラの巨木がある。本来の尾根道に回るように登山道が作られている。

尾根道に戻り、丸太階段を急登すると、大きな反射電波塔が見えてきて西側から回り込むようにして沢口山の山頂に着く。沢口山の山名は千頭の小長井地区から寸又川方面を見上げると沢口山と西側の横沢山が双耳峰に見え、寸又川の入口の山を示す呼び名と言われる。山頂広場には丸太のベンチ、東屋、展望案内板があり、南アルプス深南部の山々が見渡せる。寸又川の対岸には朝日岳、その後方に山容の大きい大無間山が目立つ。

沢口山山頂から富士見平まで戻るが、西尾根に下りないように注意が必要だ。山頂の電波塔を作る時には南側の林道から最短距離を登り、林業作業も南尾根を使っているので遭難事故も西尾根付近で起きている。霧・雨など視界のきかない時は特に注意したい。必ず山頂で地形図と磁石を使い、寸又峡温泉への方向を確かめる余裕を持ちたい。

山頂から丸太階段に足を取られないよう慎重に下り、富士見平に着き猿並平コースを下る。富士見平か

6日向山コースの秋 7周囲約6.5m近くある大ミズナラの巨木 8猿並平コース下山口にある観音堂と案内板

ら木の幹に赤ペンキで目印が付けられ、アカマツの大木が目立つ尾根を下っていく。日向山コースに比べ、腐葉土の道で歩きやすい。尾根南東側の防獣用金網が張られたヒノキの植林地沿いを下ると、スギの植林地の中に間引きされた猿並平と呼ばれる平坦地に出る。

猿並平から緩やかに下って送電鉄塔に着く。寸又川左岸の県道が見え、かつての軌道の走ったところが車道に変わった水平道がよく見える。鉄塔から尾根道を外れ、北側を大きくジグザグ下り、寸又川右岸の軌道跡の水平道に出ると、観音堂のある温泉街のほぼ中央部の車道に戻る。下山後の温泉浴は最高の楽しみである。（廣澤）

Pick Up! 寸又峡温泉

寸又峡温泉は明治時代に現在の大間地区より少し西側に湯山温泉があった。ダム開発によって一時休業し、再び昭和29年に当時の大間郵便局長が私財を投じ、寸又川の支流の大間川の湯沢地区に温泉の掘削を試み、旧本川根町や地元の協力によって昭和37年7月に寸又峡温泉になった。

全国的に有名になったのは昭和43年2月に発生した金嬉老事件だったが、開湯以来の「芸妓を置かない」「ネオンをつけない」「立て看板を置かない」という約束事は現在まで貫かれ「日本一清楚な温泉保養地」の伝統は徹底されている。100年以上の歴史を持つ根強い人気の温泉地である。山登りと温泉は最高の贅沢かもしれない。

P 駐車スペース
トイレ
ビューポイント

コースタイム

寸又峡温泉
▼約1時間
木馬の段
▼約1時間30分
沢口山
▼約1時間
猿並平
▼約1時間
寸又峡温泉

立ち寄りスポット

[梅ヶ島周辺エリア]

グルメ

そばと山の幸を堪能

黄金の里

黄金の湯に隣接する食事処で、武田信玄がこの地で金を掘っていた頃から地元に伝わる手打ちそばが味わえる。山菜そば、とろろそば、黄金天ぷらそばなど、山の幸とのコラボがたまらない。「黄金そば膳定食」は、なかなか味わえないきびめし、肉厚のしいたけがのった黄金そば、マスの甘露煮、みそこんにゃく、小鉢とボリューム満点。

☎054-269-2211
住静岡市葵区梅ヶ島5342-2
営10:00～16:00
（冬期は終業時間変更あり）
休月曜、年末年始　P60台

温泉

お肌しっとり、美肌になる温泉

黄金の湯

山と緑に囲まれた梅ヶ島にある日帰り温泉。泉質はナトリウム炭酸水素塩温泉で、無色透明、とろりとしたお湯。湯上がりの肌はしっとりツルツルに。石造りの露天風呂からは周辺の山々を眺めることができ、心身ともにリラックス。出入り自由なので、周辺を散策した後でもう一度入浴することもできる。広間は飲食の持ち込みOK。

☎054-269-2615
住静岡市葵区
梅ヶ島5342-3
営9:00～17:30
（最終入館17:00）
料大人700円、
3歳～小学生300円
休月曜
（祝日の場合は翌日）
P150台

温泉

せせらぎと緑でリラックス効果増!

口坂本温泉浴場

安倍川の支流、中河内川をさかのぼった山間の日帰り温泉。男女とも内湯と露天風呂があり、せせらぎの音と内湯の大きな窓からも緑あふれる自然を眺めることができる。100名収容の大広間は飲食の持ち込みが可能。湯上がりにまったりできそう。日差しがたっぷりとあたるオープンテラスは、時間のたつのも忘れそうな居心地の良さ。

☎054-297-2155
住静岡市葵区口坂本652
営9:30～16:30
（最終入場16:00）
料大人300円、
3歳～小学生100円
休水曜（祝日の場合は翌日）、
年末年始　P50台

お土産

ワサビのおいしさを存分に味わう

うつろぎ

ワサビ発祥の地として知られる「有東木」。地域活性化を目的に近隣農家のおかあさんたちが18年前に直売所をスタートした。生ワサビはもちろんワサビ漬けなどの加工品のほか、よもぎきんつば、ほうばもちなどを求め観光客や地元住民が訪れる。店内ではワサビの葉の天ぷらが付いた「盛天」900円やツンとした辛味がクセになる「さびめし」550円などが食べられる。

☎054-298-2900
住静岡市葵区有東木280-1
営10:00～15:00、
土・日曜、祝日9:00～16:00
休第3火曜、茶期、年末年始
P7台

休憩スポット

お母さんたちの手作り品が自慢

真富士の里

静岡市街地から梅ヶ島温泉へ続く県道29号途中の休憩ポイントとしても利用される農林産物加工販売所。平成元年に平野地区のお母さんたちがもっと地域をPRしたいと町内経営で始めた。店内には地元で採れた旬の野菜をはじめ、きんつばやスイートポテトなどの手作り品も好評。店舗に併設された食堂では生わさびを使ったワサビソフト・日替わり定食も人気。

☎054-293-2255
住静岡市葵区平野1097-38
営4月～11月／8:00～17:00
12月～3月／8:30～16:30
休5月茶摘み期間、
9月第4日曜、年末年始
P50台

お土産

サックサクの油揚げが絶品

平野の豆腐屋 大村商店

明治時代から続くお豆腐屋さんで、三代目の大村利明さんが営む。ちょっと大きめの豆腐は1丁270円。油揚げは1枚80円。タイミングが合えば、揚げたての油揚げが手に入る。オープンな雰囲気のお店なので、外のベンチで揚げたてサックサクの油揚げを食べるのもOK。気さくなご主人とのおしゃべりも楽しい。

☎054-293-2012
住静岡市葵区平野69
営9:00～17:00頃
休火曜　P5台

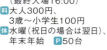

グルメ
大自然の中で味わう手作りケーキ
カントリーオーブン

江戸期の長屋門づくりの家や寺社などが残る花沢地区に佇む庭カフェ。満観峰の行き帰りに立ち寄る登山者も多い。店主の山竹ひとみさんが15年前にパンの販売を、10年前にカフェを始めた。店名は大好きなオーブンでパンやお菓子を焼いていることから名づけられたという。大自然を満喫しながら山の水で淹れたコーヒーや手作りケーキを味わいたい。

☎080-5139-3670
住焼津市花沢18　営10:00～16:00
休不定休　P花沢の里駐車場利用

お土産
「ときと暮らし」をテーマにした雑貨店
Timeless Gallery & Store タイムレスギャラリーアンドストア

通称「用宗街道」沿いにある、ツタの絡まる印象的な建物の2階にある雑貨店。店名どおり「ときと暮らし」をテーマに、アーティストやデザイナーの新作からアンティークまで、洗練された家具や生活用品をそろえている。静岡でプロダクトデザイナーとして活躍する花澤啓太氏が運営し、自ら手掛けたサンダル「tote」などの作品も販売している。

☎054-266-9981
住静岡市駿河区用宗1-27-5
営11:00～19:00
休水曜　P2台

お土産
地元で水揚げされた新鮮な魚をおみやげに
焼津さかなセンター

東名焼津インターすぐそば、1985年にオープンして以来、毎日のように賑わいをみせる人気ぶり。約70の魚屋が集まり、地元焼津港や小川港で水揚げされた新鮮な海の幸、加工品を販売。焼津名産のカツオにマグロ、黒はんぺんなど、おみやげにして喜ばれるものがきっと見つかる。大食堂「渚」でのランチもはずせない。

☎0120-82-1137
住焼津市八楠4-13-7
営9:00～17:00
休水曜は臨時営業のため約30店舗での営業
P約450台

温泉
51℃の温泉が、体にジーンとしみわたる
エキチカ温泉・くろしお

焼津の真ん中に湧き出した51℃の高温温泉。海水の約半分の濃度の塩分を含み、疲労回復や肩こり、冷え症に効果があるとされる。大風呂のほか数百万の気泡がプチプチとはじける美泡湯、天然ラジウムを使ったラジウムサウナがあるので、好みで入り分けて。入館料は650円（1時間コース）から。

☎054-627-7200
住焼津市栄町1-13-1
営10:00～翌9:00（入館受付は午前8:00まで）
料各コースはHPで確認を。http://spa-kuroshio.com/
休無休　P120台

グルメ
その日水揚げされたシラスを丼で
どんぶりハウス

漁港直営だから新鮮、かつリーズナブルにシラスが食べられる。「生しらす丼」は、シラス漁期でも出漁日だけ登場する一品。ご飯の上に生シラスが山盛りにのって600円とはうれしい限り。ほか、「釜揚げしらす丼」、まぐろ漬けと生しらすがセットになった「用宗丼A」、まぐろ漬けと釜揚げしらすの「用宗丼B」とメニューはシンプル。

☎054-256-6077
住静岡市駿河区用宗2-18-1
営11:00～14:00
休雨天の日　P10台

立ち寄りスポット

温泉

SLが見える日帰り温泉

川根温泉 ふれあいの泉

源泉かけ流しの湯を楽しめるお風呂ゾーンと、20mの温水プールとサウナがあるガラス張りのバーデゾーンがある。ナトリウム塩化物泉は塩分を含んだ温泉水で湯上がり後身体がポカポカに。この温泉を煮詰めて作った塩を使用した「幻の塩ラーメン」が2階の食事処で味わえる。塩は「かわねのごえん」という商品名で売店でも買える。

☎0547-53-4330
住島田市川根町笹間渡220
営9:00～21:00
（最終受付20:30）
料大人520円　小学生310円
（プール）大人730円
小学生310円（共通）
大人1040円　小学生520円
休火曜（変動あり）
P250台

観光

芝生の広場からはSLが見える!

フォーレなかかわね茶茗館《ちゃめいかん》

川根茶の情報や魅力を発信するコミュニティースポット。庭園を眺める茶室では、川根茶を自分で淹れて味わう体験ができる。淹れ方ひとつでこんなにも味が変わるのかと新鮮。また、喫茶コーナーでは、独特の風味とほのかな甘みがあるべにふうき紅茶、川根紅茶のかき氷（夏季限定）が楽しめる。、どちらも300円。

☎0547-56-2100
住川根本町水川71-1
営9:30～16:30
料無料
休水曜・祝日の翌日・年末年始　P40台

お土産

名物「川根大福」をお土産に

菓子道《かしみち》

川根温泉手前にある洋菓子店の看板商品。店主が小さい頃に食べたシュークリームが忘れられず、和洋菓子で再現できないかと26年前に考案し、ヒット商品に。ぎっしり入った国産小豆のこしあんと生クリームを柔らかい餅生地で包んでいる。種類は白とお茶の2種類で、お茶には川根の煎茶を使用している。売り切れ御免のこともあり、事前予約も可能。

☎0547-53-2176
住島田市川根町身成3530-5
営8:00～17:00
休月曜、第1火曜
（祝日営業、翌日休み）　P5台

グルメ

昼と夜で雰囲気を変えるオシャレなバル

RonNoBar《ロンノバル》

地産地消を心掛けるメニューはイタリアン。パスタやピザのほかスイーツも自慢。店の奥にあるテラス席（2組限定）は開放感いっぱい。タイミングが合えば、山間を走るSLが見える。夜のバータイムは昼間とまた違う居心地の良さ。オーナーのRonさんは不動の滝自然広場オートキャンプ場も経営。山登りしながら川根でキャンプもおすすめ。

☎0547-56-1818
住川根本町上長尾272-1
営12:00～14:30（OS）、
18:00～23:30（OS）
休火曜、第3月曜・第3水曜のランチ
P4台

※OS……オーダーストップ

グルメ

川根路に佇む古民家でそばを堪能

古民家ひらら

明治5年に建てられた庄屋の建物で、往時の旧家の繁栄ぶりを思わせる古民家。広い土間を上がり三間続く和室では、地元野菜を揚げた天ぷらやそばなどが食べられる。ボリューム満点の「そば膳」1500円は、おろしそばに天ぷらや煮物、山菜ごはんなどが付く。「みそ田楽」450円や「やまめの塩焼き」500円など地元ならではの素朴な料理も味わえる。

☎0547-53-2279
住島田市川根町身成2974
営11:00～16:00
休水・木曜（繁忙期は営業）
P8台

観光

健脚願いにご利益あり!?

三光寺の足地蔵

夢窓国師が貞和2（1346）年に開山したと伝える古刹。2000坪以上有する境内には200本を超える杉の木が茂る。本堂裏にある三十三番堂遊歩コースの入口にある足地蔵は、その昔、家山川に流れてきた片方の足を村人が拾い、この寺の住職がとむらった。この足地蔵にお願いすると足のあらゆる病気が治るといって全国から参拝客が訪れる。

☎0547-53-2717
住島田市川根町家山823
P50～60台

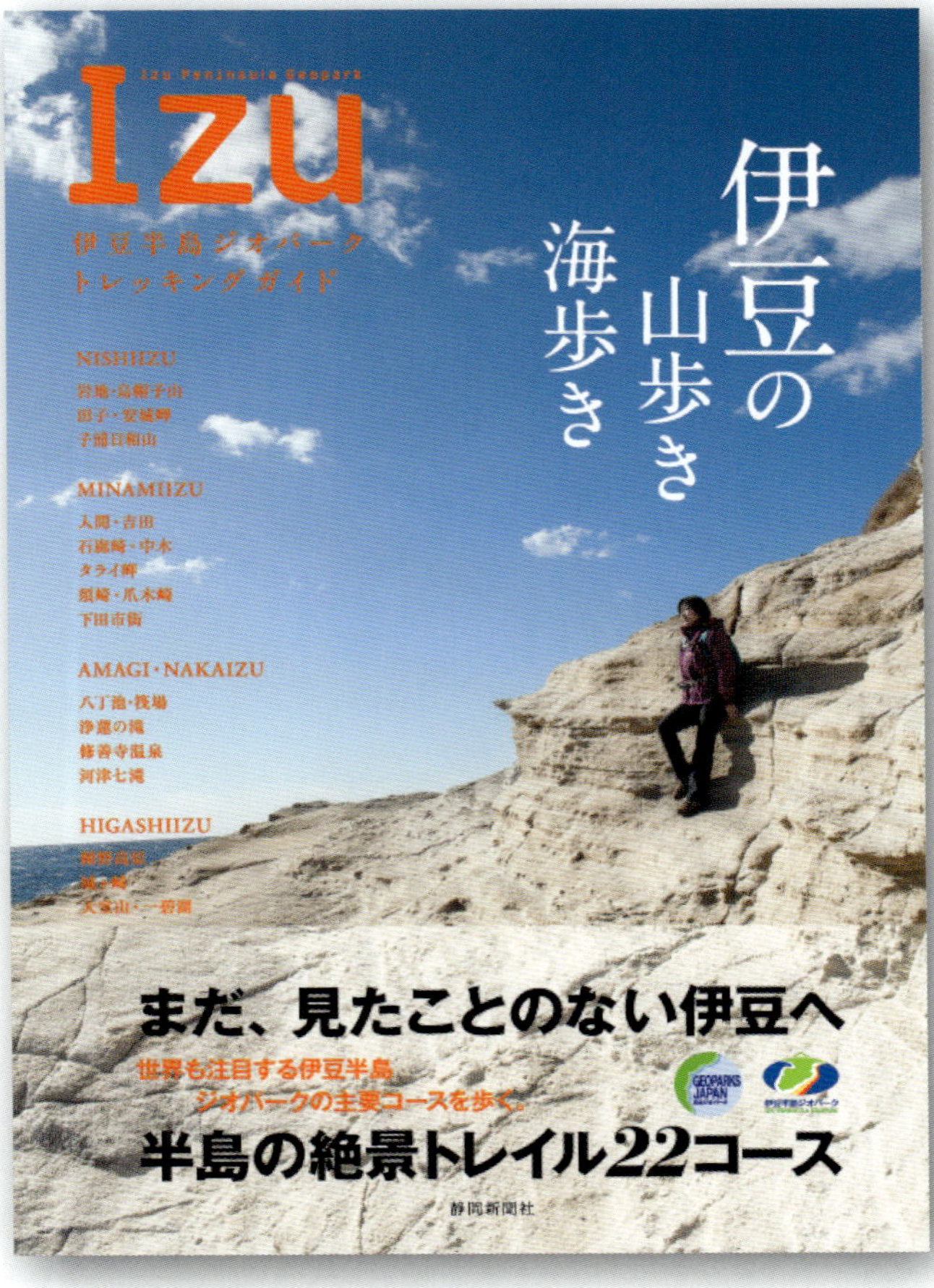

好評につき、たちまち重版!!

「伊豆半島ジオパークトレッキングガイド」

伊豆半島は
世界ジオパークに推薦されています。

悠久の時を感じる美しい大地。
知られざる伊豆を歩く初めての徹底ガイド！

2014年、世界ジオパークに推薦された伊豆半島。
美しい海岸線、切り立つ岩場からの絶景、奇岩が織りなす
不思議な風景や緑豊かな森、そして温泉。
本書は、世界的にも注目を集める貴重な地質、地形、火山などの
地質遺産が満載の伊豆を満喫できるトレッキングガイドブックです。

B5判160頁カラー／定価1,650円（税込）
全22コース（マップ・コースガイド付き）

静岡新聞社の本

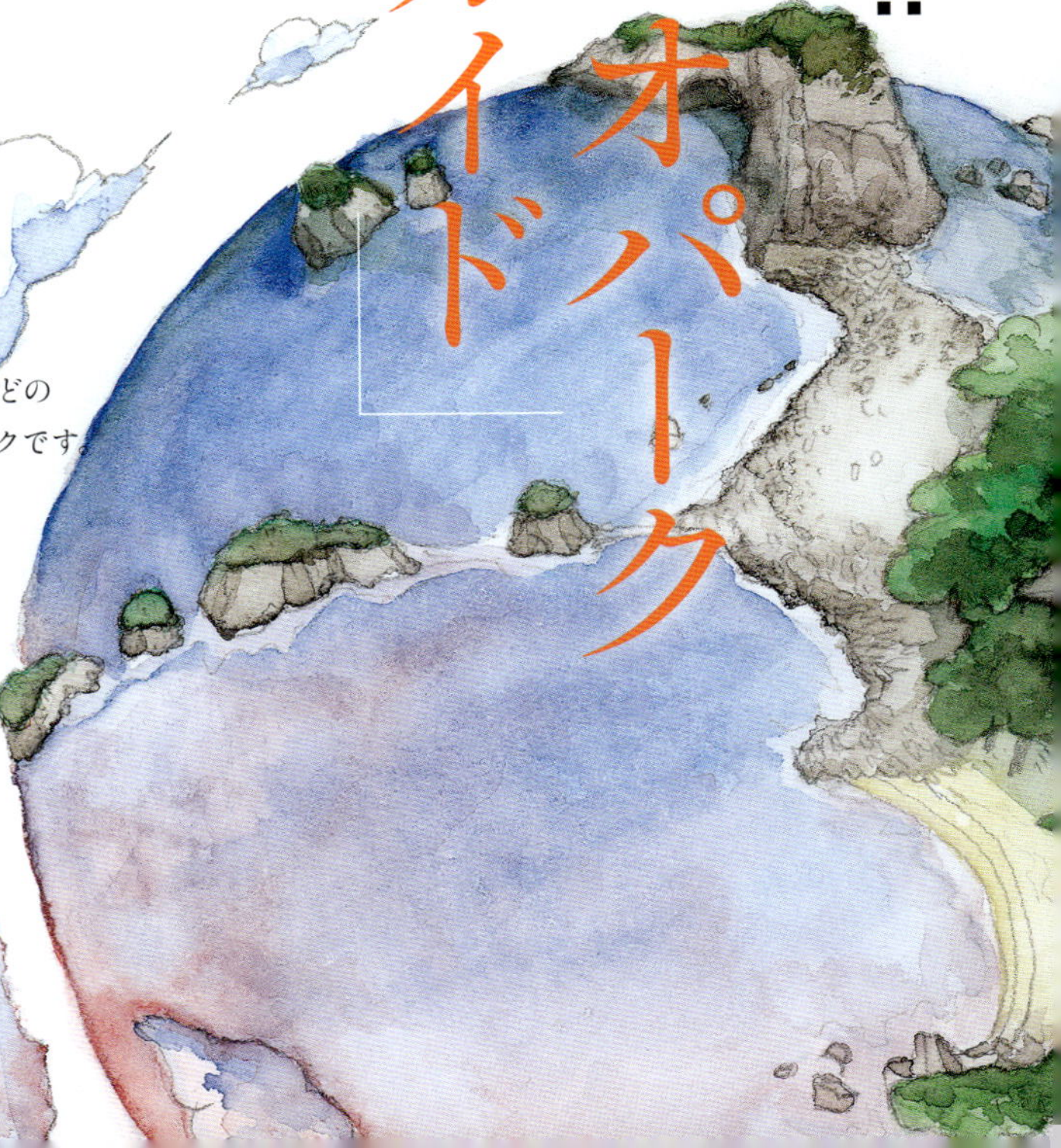

*018

粟ヶ岳

あわがたけ　地図「八高山」「掛川」

標高　532m

標準タイム　約2時間

Access

東名菊川ICから県道37号、250号、415号経由で25分、新東名島田金谷ICから国道473号、国道1号バイパス日坂IC、県道415号経由で25分

茶どころ駿河を象徴する「茶」の字を抱く粟ヶ岳

静岡県内を通過する新幹線の車窓の眺めといえば「富士山」に尽きるが、近年は大井川、牧之原付近からの「茶」文字が大いに話題である。東名、新東名からの遠望でもその濃い緑色の植え込みは鮮烈で、茶どころ駿河の面目を躍如たるものにしている。縦横およそ130m、千本近いヒノキの植林である「茶」の字を胸に抱いて、何やらパンダのように愛くるしい姿で小笠・掛川平野の北の空に鎮座するのが粟ヶ岳である。

500mをわずかに超える標高ながら晴れた山頂からの眺めは広々とそう快だ。富士山、伊豆半島から駿河湾、そして遠州灘のはるか先と…。大げさにいえば静岡県の東西を端から端まで見渡せて気宇壮大な気分になる。眼下は流れが細くて貧相になったとはいえ天下にとどろく大井川。その右岸台地、牧之原にできた富士山静岡空港からはどこへ向かうのか、今まさに旅客機が飛び立ったばかりである。

茶産地、掛川市東山にある粟ヶ岳には東海道25番目の宿場、日坂から向かう。日坂へは新東名利用なら島田金谷ICから国1バイパスを西へ15㎞の道のり。東名の場合は東からだと菊川IC、西からは掛川ICが近い。市街地を抜けて国一（現在は一部415号）を東進、双方とも13～14㎞ほどだ。街道の昔から旅の守り神としてあが

1日坂入口の交差点。東名ICからだと左折、新東名IC利用なら正面、トラックの方向から右折である 2日坂集落は住宅地にも分岐にこのような表示があって迷うことはない 3茶畑と富士。古くから詩歌俳諧に取り上げられた駿河の国の定番コンビ

められた事任《ことのまま》八幡宮の向かいに歩道橋を認めたら、そこが日坂の入口。信号を西に折れると集落で、新東名からだと右折、東名からでは左折となる。

100年余の伝統「茶草場農法」が世界農業遺産に

集落を抜ける順路は説明しづらい。ただ、分岐には必ず表示があり、迷うことはない。定期バスの路線通りに東山に向かえばよい。15分ほどで「東山いっぷく処」の看板に出会う。茶店風の建物はみやげ屋を兼ねて、話題の深蒸し茶「東山茶」をPRする拠点施設でもある。親切なスタッフが登山道を教えてくれる。おいしい茶を一服いただき、茶屋の上手の駐車場に車を置いて脇の車道を登って行く。車道は九十九折《つづらお》りに茶園の中を縫うように山頂まで続いており、それより直登気味の作業道、すなわち登山道は車道と幾度となく交差しながら高度を稼いでいく。

斜面に広がる茶園の登りはともかくも気持ちがいい。下界の景色をさえぎるスギやヒノキの植林はここにはない。きっちりと計算さ

朝日に輝く東山の茶草場農法の茶園

4澄んだ冷気の中で、早くも下山者と行き交う。毎日のように登山するファンもいるとか 5交差する車道を横断して、作業道は茶園をひたすら登っていく

れたような幅で隣り合う、手入れの行き届いた茶畑は地形なりに優しくうねり、間の畝《うね》には干し草が深々とまき敷かれている。これが茶草場《ちゃぐさば》農法と呼ばれる独特の茶園管理なのである。冬から翌春、農家は各戸ごと定められた場所の茶草を刈り取ると同時に、前年からよく乾燥させた干し草を茶畑に敷き込む作業に追われる。もう百年余、何代にもわたって続いた伝統の農法で平成25年、世界農業遺産に認定された。

　冬晴れの朝の冷気漂う茶園の中で、早くも山頂を折り返してきた人たちと出会う。挨拶を交わしながらなおも登って行くと茶畑が終

竹林にパンダならぬ、ニホンカモシカ。最近目撃情報が多い

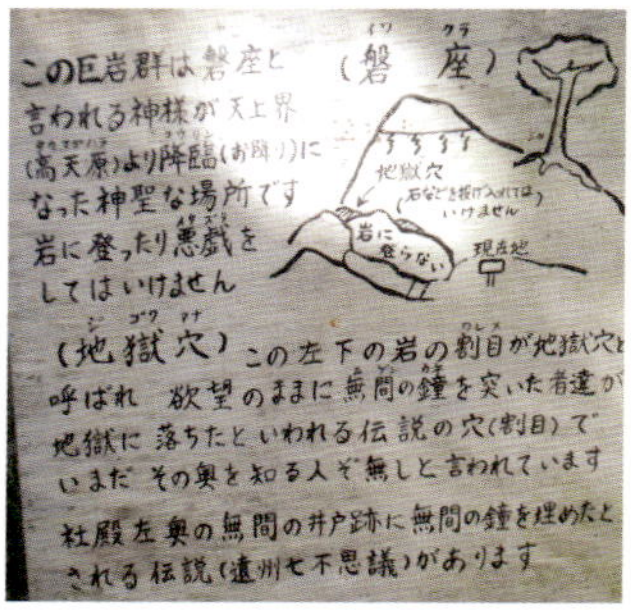

山頂近くの巨石群。のぞくと地獄に落ちるという無間地獄の言い伝え

わってアカガシやシイ、アオキなどが茂る森に到る。春には林縁にスミレやハルリンドウ、ヤマルリソウなどの小花が目を楽しませてくれる緩やかな登り道で、山頂の阿波々《あわわ》神社を取り巻く社叢《しゃそう》、つまり鎮守の森である。照葉樹林の極相を示す代表的な森林として、平成21年に県の天然記念物に指定されている。

少し急坂にかかったと思ったその時、斜面の上方の竹林に何やら生き物の気配を感じた。目を凝らすと紛れもないニホンカモシカの成獣で、不安げな表情をこちらに向けてたたずんでいる。近年、増えすぎたニホンジカに追われて里に出没するカモシカを目にすることが多い。群れで共生するシカに比べ、個体で生息するカモシカは弱い。体格も劣るため、もはや絶滅寸前の地域もあるらしい。生存競争の常とはいえ、追われるカモシカはどこへ逃れるというのか。高山の岩場をさっそうと飛び跳ねる雄姿がお前たちの本来であったはずなのに…。ソロリと林内に消えていく寂しげな背中を見送りながら、何ともやるせない気分になってしまった。

格式を誇る山頂の 阿波々神社は縁結びの神

森はなおも続き、スギの大径木や巨木に覆われてうっそうとしてくる。山頂近くでは至るところ苔《こけ》むした巨岩、巨石が現れ、神域らしい趣だ。巨石群はいわゆる「磐座《いわくら》」と呼ばれるもので、後に神殿が形づくられるまで神の宿る岩としてご神体そのものであった。岩の割れ目は底なしの地獄穴と伝えられる。この辺りは初夏になるとシャクナゲが紅白の彩りを添え、鎮守の森に華やかさを加えてくれる。手書きの表示に従って行けば境内の脇に出る。阿波々神社は天平年間の創建と伝えられる延喜式内社で今の社殿、社務所は近年になって現在地に整った。平成28年に創祀1280年の大祭を迎えるというから、古い格式を誇る神社である。

拝殿裏手には境内社として三つの摂末社がまつられ、縁結びの神様としてお参りする人が多い。並んで遠州七不思議の一つに数えられる「無間の井戸」がある。境内から北東の方角に少し下ると展望のきく広場で、NHKや県内民放各局のテレビ塔が林立する小公園と

6 7 東屋に囲われた無間の井戸。山頂に井戸は珍しいが、ほとんど埋まっている

照葉樹林に囲まれた阿波々神社拝殿。山頂の1200年余の歴史と、今をつなぐテレビ塔群

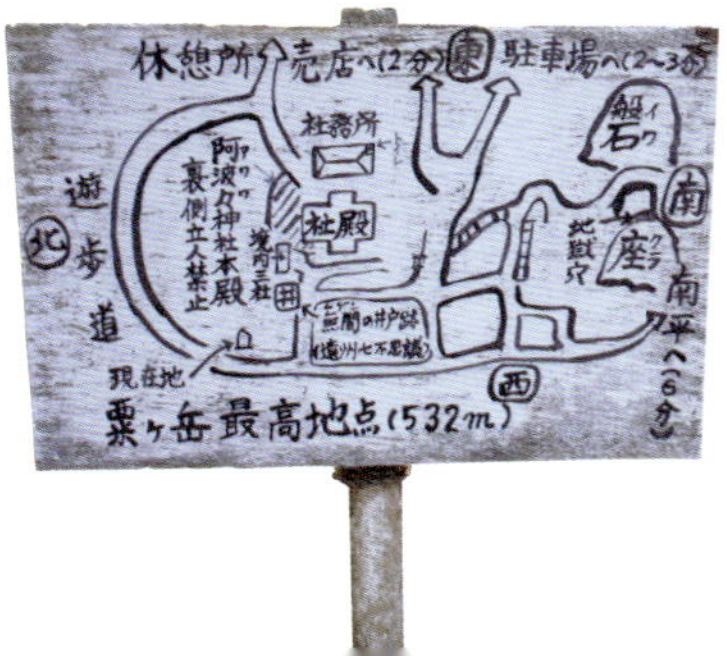

粟ヶ岳最高標高点に立つ手作りの表示板

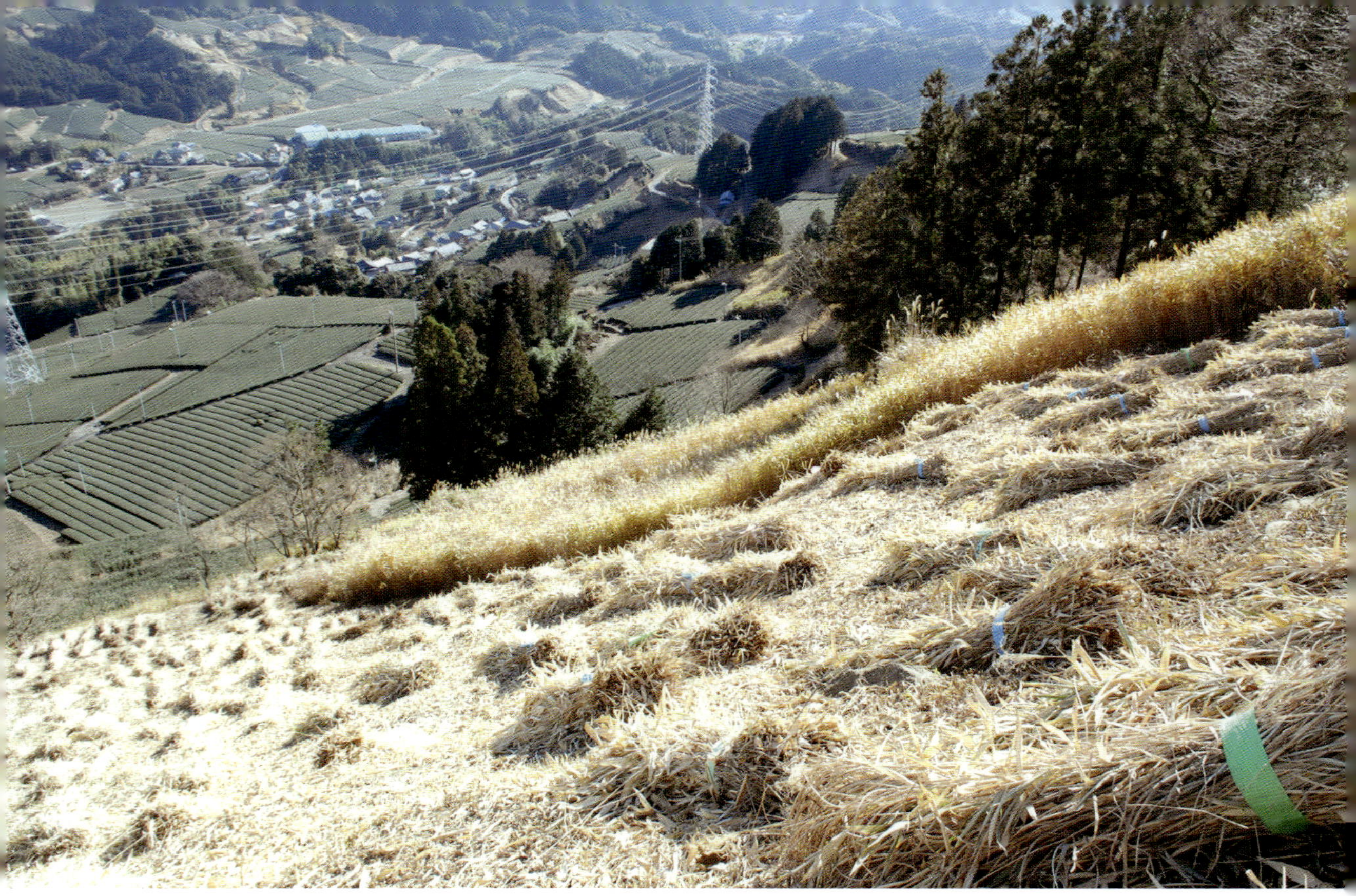

刈り取った後と、刈り取りを待つ茶草場の草原。眼下には東山の集落

山頂公園から南の展望。牧之原台地の向こうが大井川、その先が駿河湾。中央のグラウンド状は富士山静岡空港

中腹から見上げると、山頂直下に阿波々神社の照葉樹林の森がこんもりと広がる

なっている。春には桜まつりが開かれるほど近在に聞こえた名所で、満開のソメイヨシノの間から春霞の富士が浮かび上がる。展望台を兼ねたレストハウスの食堂の壁に、百回とか千回という節目の登山を記録した人たちの写真がはられていた。最近はサイクリストにも人気という。歩行にも自転車にもほどよい時間と距離が魅力らしく、コアな「粟ヶ岳ファン」は各地に広がっているようだ。

山頂の大展望を楽しんだら、ここからはしばらく車道を下る。道なりに広場を回り込んで最初のヘアピンカーブを曲がるとスギ木立に当たる。変哲もない林のようだが、実は茶の字の「草かんむり」の部分で、言われてみればなるほどと得心がゆく。記念写真に収めようと若い女性たちが歓声を挙げていた。粟ヶ岳の南斜面を横切るように東に進み、再びヘアピンを曲がって西に転進すると、間もなく朝方登ってきた登山道だ。山頂からは１㎞半ほどの距離。東山の集落を見下ろし、見事に幾何学模様を描く茶園の海を眺めつつ、ゆったりとした気分で下って行けばほどなく「いっぷく処」である。（旦平）

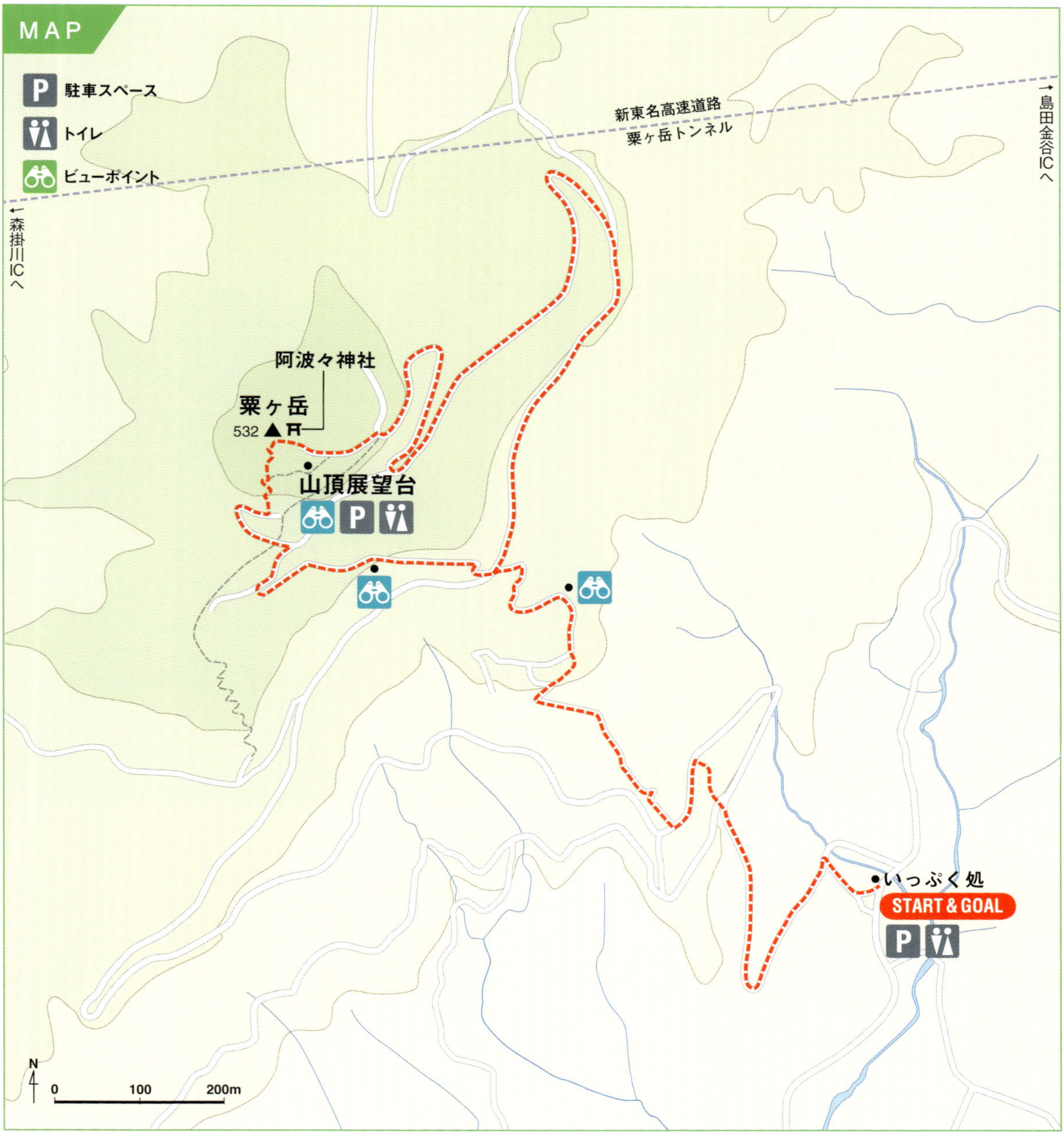

茶祖栄西禅師像を囲む冬枯れの桜並木。間に富士がのぞく。季節にはさぞかし、と思われる

コースタイム

いっぷく処（駐車場）
約1時間20分
粟ヶ岳山頂
約40分
いっぷく処（駐車場）

*019

竜頭山

りゅうとうざん　地図「中部」「気田」

標高　1351.6m

標準タイム　約7時間

Access

新東名浜松浜北ICから国道152号で50分

暴れ天竜を鎮める龍神を祭る御神体の山

竜頭山は天竜川と支流の気田川に挟まれた山域にあって、昔から「塩ノ道の難所」などと呼ばれた北遠の名山である。山頂南側に巨石群がある。龍神が住むという山名説があり、竜頭山全体を御神体とし、山頂には水神である龍神を祭り崇められていた。

昭和50年代に竜頭山のすぐ東側に天竜スーパー林道が開通すると、林道からわずかな時間で登れるようになり登山者が増えた。林道の開通以前は西側の旧佐久間町からの登山者でにぎわった。

一時登山者は減少したが、冬期にスーパー林道が閉鎖されるため天竜美林と遺跡の残る変化ある周遊コースに、マイカー利用者の人気が復活した。その歴史ある旧佐久間町平和《ひらわ》口から登り、青ナギに戻る周遊コースをたどる。マイ

平和登山口にある案内看板

1 山頂で満開のヤマツツジ
2 大輪口への下山路の通行止めを知らせる注意看板
3 平和集落跡の立派な石垣

カー利用だと新東名浜松浜北ＩＣを出て、国道152号線を天竜川に沿って北上し、佐久間町に入り、かつて天竜川の水運で栄えた西渡の大井橋を手前で右折する。

支流の水窪川に沿ってすぐに大井トンネルを抜けると、右側に登山口となる竜頭山平和口の案内板がある。路肩に7〜8台の駐車スペースがあり、トンネルの出口にも駐車できる。ここから竜頭山へは標高差で約1200m、かつては遠州地方の岳人たちがトレーニング山行に登るコースであった。

戦国遺跡の残る平和集落跡から木馬道へ

昭和40年代まで十数軒あった平和集落の跡へは、よく踏まれた広い道を登る。急坂は石垣があり、かつては信州街道（秋葉街道）と呼ばれた古道が通る。平和集落跡の家屋は残っていないが、立派な石垣が積まれ、戦国時代から続く天竜川流域の石工の遺跡で、土台の石垣は原型を残している。半鐘が建っているのが少し物悲しい。集落跡の入口と出口の大石の基部に茶碗などの陶器の破片が多く積まれ、古くから集落があったことを示している。

集落跡からは、まっすぐに伸びて樹高のそろった天竜美林の中を登っていく。小さい沢を渡ると、土質の表面が黒みを帯びている。かつて鉱山跡があったと言われ、銅・鉄を含む鉱石が黒褐色になっていると言われている。緩やかに登ると「青ナギ」に着く。南側が崩れて貯水タンクがあり、大輪《おおわ》口への下山路の通行止めの看板がある。

青ナギからは木材を搬出したかつての木馬道が通っている。木を横に並べ人力や馬を使って滑らせた重労働の仕事道である。木馬道の横木は枯れて見られないが、緩やかに登って行くと、左「遊歩道に出て頂上」、右「杣《そま》小屋」と書かれた私製の道標がある。

分岐から北東方向へ木馬道を緩やかに登っていく。作業用に利用される道で登りやすい。スギの高木の中を登る。よく手入れがされて薄暗いイメージはなく、森林浴の明るい林だ。所々に小さい沢から水が黒パイプで導かれていて、ちょうど良い水場である。北側が伐採地になると沢沿いの道になり、スギ林からカエデ、ヒメシャラの自然林へと変わる。

沢のガラガラ道から荒れた林道に出ると、登山道・遊歩道が錯綜する。竜頭山から平和口への道標はなく、大輪口と書かれているので迷いやすく、逆コースの場合には

木馬道と杣小屋跡を示す分岐案内

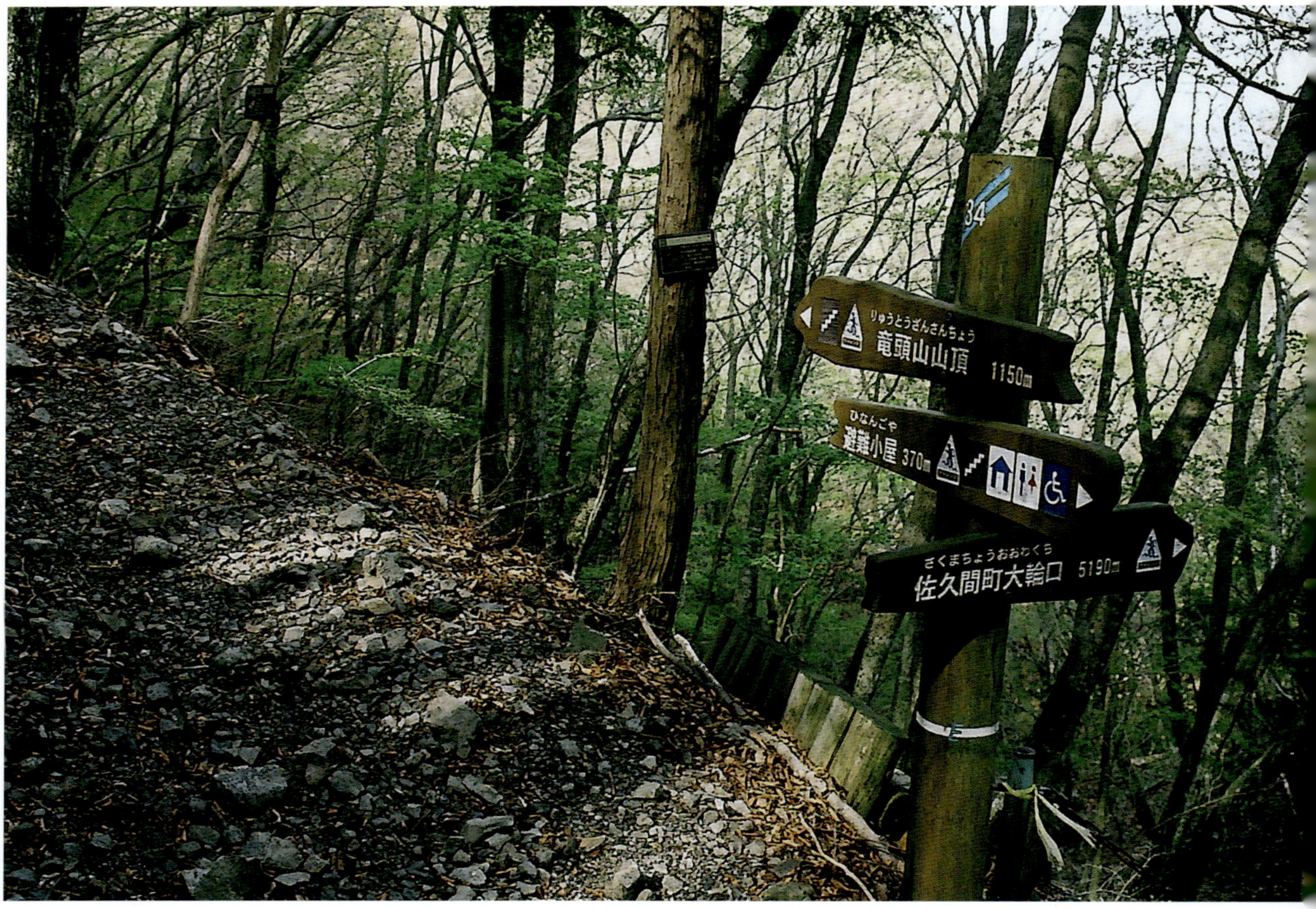

平和口への道標はなく、大輪口と書かれているので迷いやすい

4

5

6

4避難小屋も整備されているほおずき平 5竜頭山山頂にある国交省の巨大アンテナ 6ほおづき平から眺める竜頭山の山容

注意が必要だ。昭和60年、県が「国際森林記念林・天竜の森」として遊歩道を整備した時に使った荒れた林道や、竜頭山の山頂に2基ある国交省の巨大アンテナ用の舗装道、あるいは公園用の丸太の階段など、登山道、遊歩道が錯綜しているので注意したい。ほおづき平と呼ばれる避難小屋の裏に出て、ほぼ高みの尾根道を登っていくと、巨大なアンテナの横が竜頭山の山頂だ。

冬期には冠雪した南アルプス聖岳を望む山頂

小広い山頂に2等三角点標石と立派な山名板があり、ベンチとテーブルがある。巨大なアンテナがすぐ西側にあるのでいささか落ち着かない。山頂から南西方向に進むと東屋風の展望デッキがあり、北方以外の展望がいい。東に旧春野町の気田川対岸に特徴ある山容のボンジ山、その上方に岩岳山、さらにその先に富士山が遠く見える。冬期には冠雪した南アルプスの聖岳が目立つ。南方には秋葉山まで長大に続く山並みと遠州灘が見え、西方には天竜川の対岸の小さい峰々が見渡せる。

竜頭山に自生するホソバトリカブト

展望デッキから東側には岩場があり、南尾根の急坂を下っていくと所々に西面に巨石群が現れ、いろいろな形をしたパワーストーンを木々の間に見つけることができる。秋葉山の奥宮があったと言われ、本尊は水神の不動明王を祭ったが、明治になって廃仏毀釈・神仏分離令により奥宮は袋井市にある可睡斎に移築された。その後秋葉寺派から分かれ、大正になると気田川沿いの勝坂集落にある戒光院に移されて現在は礎石が残っているだけだ。

南尾根から巨石群を過ぎて佐久間町側へ下る。カンバ、リョウブ、アセビが茂る急坂を転倒しないように下っていく。逆コースの場合は大変な登りとなる。尾根上から沢へ下る。地形図上の1045m

天竜の森に広がる自然林

標高地点で破線路の旧道を下る。

沢沿いの滑りやすいところを慎重に下っていくと小広場に出る。杣小屋跡の道標があり、沢沿いには大きなコンクリート製の貯水槽があり、立派な石垣の上に大きなトタン葺きの家がある。昭和40年代には住人がいて、登山者にジュースや記念バッジなどを売っていたという。林業が盛んな頃には冬場になると富山方面からの出稼ぎの人たちが多く働いていた。杣小屋跡からはよく踏まれたスギ・ヒノキの枝打ちされた美林の中を青ナギに戻り、平和集落跡の下を通って国道１５２号沿いの駐車場所に戻る。（廣澤）

南尾根上にある巨石

Pick Up!

天竜スーパー林道

天竜川左岸の稜線に昭和59年延長53kmの天竜スーパー林道が全線開通した。「スーパー」とは林道の規格の枠を超えてという意味で道路の幅、カーブ勾配、法面の角度、側溝、舗装の強度等がハイレベルで作られた。

国際森林年を記念して竜頭山周辺の県有林約85haに整備した「天竜の森」は「杣人の森」「野鳥の森」「修験の森」の3つのエリアからなる。竜頭山の山頂付近が天竜の森になっており、山頂付近だけが公園に整備されている。国交省の巨大なパラボナアンテナが2基と佐久間ダムからの送電鉄塔など人工構造物が多いが、西側は美しい天竜美林の森となっている。

コースタイム

平和口駐車場
約20分
平和集落跡
約1時間
青ナギ
約2時間
ほおずき平
約30分
竜頭山
約1時間30分
杣小屋跡
約40分
青ナギ
約1時間
平和口駐車場

*020

葦毛湿原 神石山／多米峠

いもうしつげん-かみいしやま／ためとうげ

地図「豊橋」「二川」

標高　葦毛湿原-神石山324m／多米峠265m

標準タイム　約3時間30分

Access

東名三ヶ日ICから浜名湖レイクサイドウェイ、国道301号、県道4号で多米峠を経由して多米町交差点を左折し5分

約750種の植物が生息する東海道一の湿原

葦毛湿原は、湖西連峰西側の愛知県豊橋市に位置する。石巻山多米県立自然公園内にあって面積約7ha、天然記念物に指定されている。市街地に近く南に国道1号、JR東海道線、新幹線が通り、遠州灘が近い。湿原内には植物約750種が生育し、その中には湿性植物が約250種もあり、学術的にも貴重な湿原である。静岡県の県境は山岳地帯が多いが、湖西連峰は標高が低く、古くから文化・生活交通がスムーズに行われていた。静岡県湖西市と豊橋市にまたがる神石山周辺は県境の意識が比較的薄く、葦毛湿原の植生回復には湖西市の市民がたくさん参加している。

葦毛湿原から豊橋自然歩道で神石山に登り、多米峠に下るコースを歩く。登山口である豊橋市岩崎町へは東からだと東名三ヶ日ICを利用、多米峠を越えて豊橋市内に入ったら県道31号「東三河環状線」を南下、湿原への案内標識に従って左折し、岩崎町の湿原入口にある未舗装の広い駐車スペース

1 葦毛湿原入り口に立つ豊橋市の観光案内板 2 スギ、ヒノキ、ミズナラの混成林が続く岩崎自然歩道
3 湿原に生息する植物を紹介した入口看板 4 木道が敷かれた葦毛湿原

に車を置く。駐車場から広い林道を南に向かうとフェンスで囲まれた長尾池がある。周辺には農業用水池が多く、長尾池は葦毛湿原の水を溜めている。冬から春にかけて渡り鳥をたくさん見かける。湿原周辺では約90種の野鳥が確認されているという。

トイレの先に立派な案内板があり、岩崎歩道に入る。スギ、ヒノキ、ミズナラの混成林の広い道を進むと湿原入口の広場に出る。広場には案内板や四季に見られる植物の写真パネルの標識板がある。

葦毛湿原は周遊コースが整備され、西側の湿原入口から入る。木道が敷かれ、湿原保護のためにロープが張られている。湿原は湧水によって成り立ち、湧水湿地で土壌が薄く、石灰岩の上に形成され、ミカワ（三河）の冠名の付く「ミカワバイケイソウ、ミカワシオガマ」等の固有種がある。9月中旬シラタマホシクサの花の咲く頃、一番登山者が多い。葦毛《あしげ》とは馬の毛色のことで、白い毛に黒色や濃褐色のさし毛が入っている様子が、湿原の秋をイメージさせることから、葦毛湿原になったと言われる。

5 座談山から舟形山に向け続く尾根道　6 岩の中央が鋭く尖った「望寺岩」

座談山山頂でピンク色に咲くカタクリの花

湿原の木道を登り、スギの植林地を緩やかに登り、一息峠に着く。峠は小さい尾根の鞍部で、西方の木々の間から豊橋市内のビル群が見え、市街地から近くに自然がよく残ったものと感心する。一息峠からトラバース道になり照葉樹林帯の中にヤマツツジ、ミズナラの落葉木が見られ、神石山から延びる南西尾根に出る丸太階段にロープが張られた急坂を登る。

尾根に出るとJR東海道線二川駅から登ってきた道と合流する。所々に岩が露出した道を登り、座談山に着く。山頂には送電鉄塔が建ち、神石山まで送電線が引かれている。山頂の北側にはロープで囲ったカタクリの群生地があり、4月上旬にピンク色のカタクリの花が一斉に咲く。座談山の南西下方に豊川用水路が見え、新幹線が上下に頻繁に通る。遠州灘が手の届くように近くだ。座談山からは送電線の下を歩きながら所々で伐採跡を登って舟形山に着く。山頂には舟形山城址の標識板が建っている。この地は三河と遠江の国境を監視するために山城があったところで東西に遺構が残っている。

舟形山から一旦下り、再び緩やかに登ると岩が露出した場所を「望寺岩《ぼうじいわ》」と呼んでいる。岩の中央が鋭く尖って自然の岩の目印であると同時に人々の畏敬の対象だったと言われている。普門寺を望む場所でもあり、望寺岩は寺の境内の境界を示す「牓示《ぼうじ》」が転化したと考えられる。望寺岩から緩やかに下り、普門寺峠に出る。峠からは南に普門寺に下る道がある。神石山へは峠から丸太階段を一直線に登る。照葉樹林の中を行き、岩場が出てくると東海道線新所原駅から仏岩を越してくる登山道と合流して神石山山頂だ。

7 一息峠近くに咲くミツバツツジ
8 座談山に咲くカタクリの花
9 航空燈台があった神石山山頂

航空燈台山として親しまれた神石山

山頂西側には1等三角点標石があり、以前は航空燈台の山としてコンクリの礎石があった。昔、飛行機は太平洋沿岸の航空燈台を頼りに飛んでいた。この礎石はビーコンと呼ばれる航路の名残で、神石山は航空燈台山として親しまれていた。山頂東側の木々は伐採されて展望が開け、浜松市街のアクトタワーが目立つ。南東方向の湖西市内には大きな工場と駐車場が見える。山頂東側の岩場に出れば富士山が見え、手書きの「富士見展望台」の標板が付いている。手前には浜名湖の入り江を見渡せる。

神石山から北に下っていく。静

岡、愛知の県境尾根で、豊橋自然歩道の道標が付いているので安心して歩ける。ヤブツバキ、イヌツゲの照葉樹林を下っていくと頭上に送電線があって、鉄塔のあるところが明るく開けている。広い尾根道を進んでいくと「雨宿り岩」と呼ばれる巨岩があり、名のごとく岩の南側に空間がある。北側に回り込むように岩の上に立てば、南方に穏やかな山容の神石山が見え、その先に渥美半島方面が見える。

アカマツの大木が枯死しているところからヤブツバキの純林があり、静岡県立浜名湖自然公園特別地域の保護指定になっている。豊橋側には炭焼き窯跡が見られ、滑りやすいところを登って緩やかになると多米峠に着く。多米峠は北側の本坂峠とともに東西を越す主要な峠であった。大知波側は林道ができて不明瞭になっているが、西側の多米側は昔のままの峠越えの道が残っていて、多米峠の下には県道のトンネルが通っている。峠から西に下り、県道に出ると右側に駐車場とトイレがある。県道から豊川用水路沿いの車道に出て、葦毛湿原への道標に従って岩崎町の駐車場へ戻る。（廣澤）

10巨岩の岩に立てば渥美半島まで見渡せる「雨宿り岩」
11炭焼き窯跡 12多米峠を示す看板

Pick Up! 葦毛湿原

『花の百名山』（田中澄江著）の中に葦毛湿原の紹介がある。都市の間近にある湿原に驚き、感動している。標高約60mの緩やかな傾斜地に咲くシマタマホシクサを見て、尾瀬のワタスゲに似て、もっとか細く、はかなげな花と表現している。

昭和44年に湿原は愛知県立自然公園になり、平成4年には愛知県指定天然記念物に指定された。地元の人たちによって湿原の植生回復事業が行われ、現在まで湿原の植生が回復しつつある。

葦毛湿原のシラタマホシクサ

神石山になるアオキの赤い実

P 駐車スペース
トイレ
ビューポイント

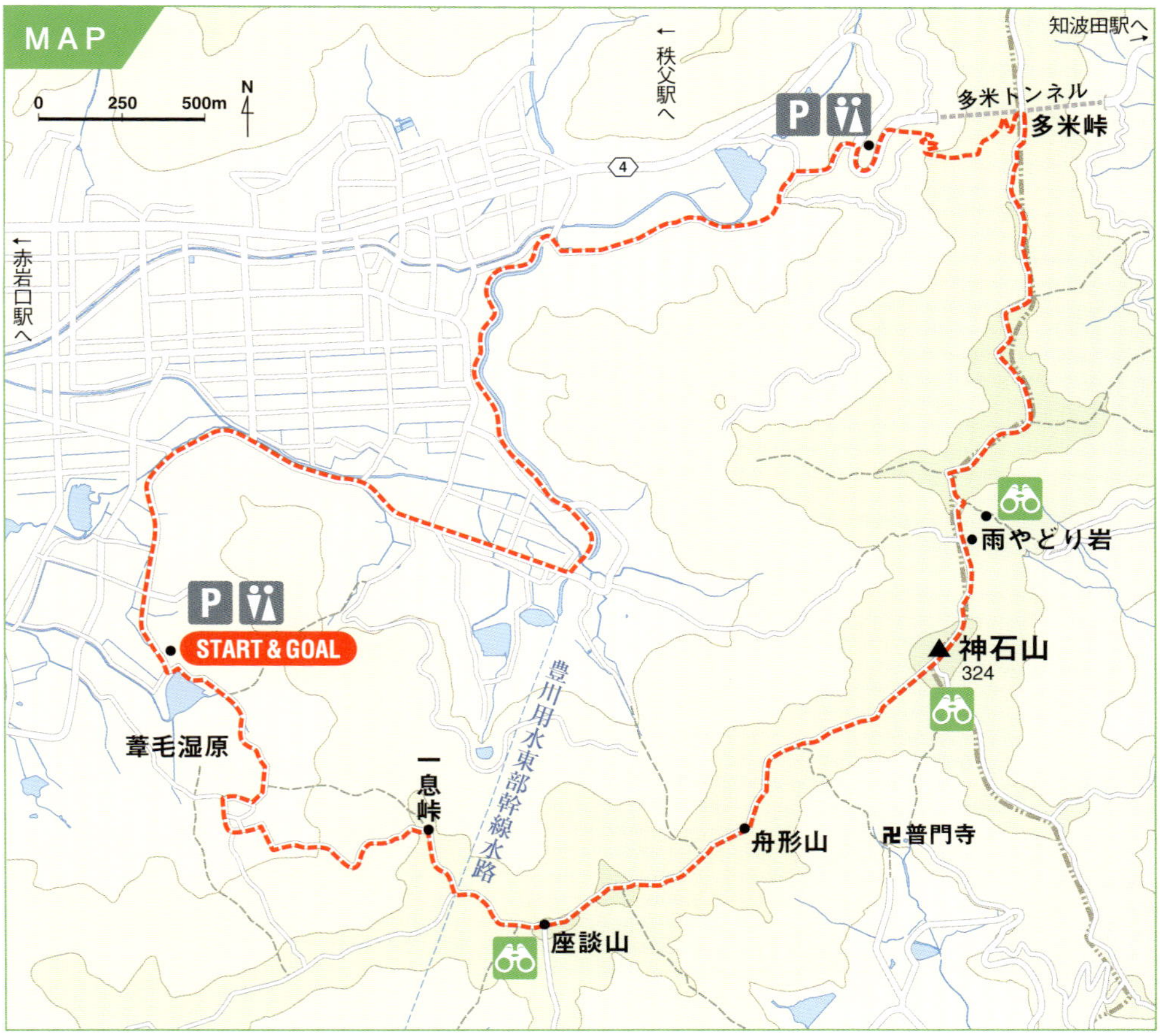

コースタイム

岩崎駐車スペース
約15分
葦毛湿原
約1時間30分
神石山
約40分
多米峠
約1時間
岩崎駐車スペース

観光

思いが叶う!?　掛川のパワースポット

事任八幡宮　ことのままはちまんぐう

遠江国一宮で、御祭神は「己《こ》等《と》乃《の》麻《ま》知《ち》比《ひ》売命《めのみこと》」。大同（807）年に坂上田村麻呂が勅命を受け、本宮山から現在の地に遷座されたとされている。古くは平安時代、清少納言の「枕草子」にも登場する。「ことのまま」の名前にあやかり「願い事が言のままに叶う」と信じられ、多くの旅人が安全祈願や心願成就を願いに訪れた。ご神木の大杉は県の天然記念物。

☎0537-27-1690
住掛川市八坂642

休憩スポット

粟ヶ岳の「茶」の字にちなんだ茶文字まんじゅう

東山いっぷく処

粟ヶ岳の登り口と山頂にある休憩処。平成18年に掛川市農業活性化やる気塾東山地域塾が国の交付金を受けスタートした。運営するのは地元の人たち。世界農業遺産に登録された茶草場農法のPRも行っている。店内には東山茶をはじめ、旬の食材を使った加工品や工芸品のほか、お茶を使った緑茶ようかんや「茶」の字にちなんだ茶文字まんじゅうが人気。

☎0537-27-2266
住掛川市東山1173-2　営9:00～16:00　休水曜、年末年始　Pあり
※粟ヶ岳山頂店は月曜、雨天時休　☎0537-27-0845

グルメ

教会をリノベーションしたゆったりカフェ

こみちカフェ

天竜出身のオーナー親子が営むカフェ。約40年近く前に建てられたという小さな教会にほれ込み、リノベーションして平成25年にオープンした。ランチはワンプレート、パスタ、ピザなど3種あり、焼き菓子なども販売している。店内には知り合いが手作りしたキャンドルやコサージュ、アクセサリーなどもあり、不定期でワークショップも開催している。

☎053-545-3335
住浜松市天竜区山東4326　営11:00～16:00　休日曜、月曜　P8台

休憩スポット

天竜の特産物を販売する道の駅

花桃の里

天竜川上流にある道の駅。平成13年にオープンし、地元のお母さんたちが運営している。直売所では地元特産の天竜しいたけやお茶、木工品などのほか、昔なつかしい小麦まんじゅう、ハナモモの花が咲く時期に季節限定で「花桃まんじゅう」、花桃ソフトクリーム（いちご味）を販売している。名物「花桃カレー」700円（税込）は食事メニューで一番人気。

☎053-923-2339
住浜松市天竜区大川31-10　営9:00～15:00、土日祝10:00～15:30、食堂／11:00～14:00、土日祝11:00～14:30　休火曜　P47台

[豊川周辺]

観光

1000体もの狐の石像が圧巻

豊川稲荷

正式な寺号を妙厳寺といい、今川義元や織田信長、豊臣秀吉など多くの武人、文人の信仰を集めた。江戸時代には庶民の間にも商売繁盛の神様として広がった。本殿の奥にある霊狐塚には信者が祈願と成就のお礼として奉納され、たくさんの狐像が安置されている。また、奥の院は江戸時代後期に建てられた旧本殿で、一見の価値あり。

☎0533-85-2030
住豊川市豊川1
開6:00～18:00(参拝時間)
P大型駐車場あり(有料)

お土産

ちくわの新しい発見がある!

ちくわの里

東名豊川インター入口すぐそばにある、ヤマサちくわの直営店。ちくわの美味しさ、奥深さを「見る」「食べる」「買う」ことを通して伝える施設。オリジナルメニューが味わえる「竹輪茶屋」、ちくわのファストフードを販売する「海工房」、ヤマサちくわをはじめ東三河の名産品を集めた「ほの国市場」と、店内は3つのゾーンに分かれている。

☎0533-85-3451
住豊川市豊が丘町8
営9:00～18:00
休無休　P50台

グルメ

ユニークなお稲荷さんは見た目も味も◎

松屋

豊川稲荷の門前通りにある食事処。松屋の稲荷寿司はとてもユニーク。わさびの茎が入った「豊川わさびいなり」、千枚漬けと揚げを巻いた「大根漬いなり」、三河ポークに大葉をはさんでミルフィーユ状にした「味噌カツいなり」など、バラエティー豊かな創作メニュー。また、油揚げをパンに見立てた"アゲットシリーズ"も見逃せない。

☎0533-86-2825
住豊川市門前町5
営11:00～14:30、
テイクアウトは10:00～16:00
休不定休
Pなし(公共駐車場あり)

温泉

景色にも癒やされる温泉

浜名湖リゾート&スパ THE OCEAN ジ・オーシャン

日帰り入浴ができるリゾートホテル。浴場は4階にあり、浜名湖や弁天島大鳥居を望む最高の眺め。テラスに置かれた猫足の舟型露天風呂もステキ。食塩泉の弁天島温泉は、美肌効果があるという。利用時間が長いのに加え、ボディーソープや化粧水、ドライヤーなどアメニティが充実。バスタオルとフェイスタオル付きというのもうれしい。

☎053-592-1155
住浜松市西区舞阪町
弁天島3285-88
営15:00～24:00
(水曜はお湯張替のため
17:00～)
料中学生以上1000円、
4歳以上500円　休無休
P30台※満車の場合は海浜公園駐車場(有料)を利用

営……日帰り入浴利用時間

お土産

足湯にグルメにおみやげに

道の駅 潮見坂

静岡県の最南端、潮見バイパス(R1)沿いにあり、景色は抜群。太平洋を眺めながらの足湯は、とっても気持ちいい。レストランの人気メニューは「しらす丼」と「生海苔うどん」。浜名湖産の海苔がたっぷりのったうどんは磯の香りが口の中に広がる。地場の野菜が手頃な値段で買えるのもここならでは。夏は美味しいメロンが登場。

☎053-573-1155
住湖西市白須賀1896-2
営本館売店8:00～18:30、
レストラン9:00～18:00(OS)、
足湯10:00～17:00(冬季～16:00)
休無休　P146台

※OS……オーダーストップ

しずおか低山ウォーク Best 20

2015年5月22日初版発行
2022年7月1日第8刷発行

著　者　廣澤和嘉
新ハイキングクラブ(元静岡支部長)
日本山岳会会員
日本大学理工学部
ワンダーフォーゲルOB
児平隆一(孤撫庵)
常葉大学非常勤講師
日本山岳会会員(元静岡支部長)
静岡新聞OB

撮影協力　藤井晴雄(静岡新聞写真部)
企画・編集　静岡新聞社編集局出版部
発行者　大石　剛
発行所　静岡新聞社
〒422-8033 静岡市駿河区登呂3-1-1
☎054-284-1666
デザイン　TwoThree
出田　一
松坂　健
髙橋美緒
地　図　河合理佳
印刷・製本　図書印刷株式会社
ISBN978-4-7838-1966-0 C0026